Claudia Giesser

Sticken mit der Nähmaschine

Claudia Giesser

Sticken mit der Nähmaschine

Ideal für Einsteiger

AUGUSTUS

Inhalt

Vorwort

Dem Wort »Stickerei« haftet leider immer etwas Nostalgie oder gar Kitsch an. Nichts für moderne Menschen, meinen Sie? Schön sind Stickereien ja schon, aber sie passen nicht zu meinem Kleidungsstil und schon gar nicht zu meinen Designermöbeln. Dass dies nicht so sein muss, möchte ich Ihnen mit diesem Buch zeigen. Auch für Liebhaber moderner Kunst und schlichter Eleganz werden Stickarbeiten wieder attraktiv. Zeitgemäße Muster machen Lust darauf, Stickereien zu tragen oder das Heim damit zu verschönern. Und was noch besser ist: es geht ohne monatelange Arbeit und zerstochene Finger. Mit jeder normalen Haushaltsnähmaschine können Sie schöne Stickereien zaubern. Viele Zierstiche lassen sich schnell und mit einfachen Mitteln aufpeppen oder einfallsreich kombinieren. Wer das Besondere liebt und eine First-Class-Maschine sein Eigen nennen darf, entwirft kurzerhand am PC ein individuelles Stickmotiv und überträgt dies ganz einfach via Nähmaschine, oder besser gesagt Näh-Stickcomputer, auf den Stoff. Wahre Wunderwerke entstehen so im Handumdrehen. Das unifarbene T-Shirt bekommt so eine besondere Note, aus dem einfachen Platzset wird ein sehr persönliches Geschenk. Auch mit ganz individuell gestalteten Vorhängen können Sie Ihre Umwelt in Staunen versetzen. Aus einfachen Dingen entstehen im Handumdrehen wertvolle Unikate. Wie schnell das geht, verraten Ihnen die Zeitangaben, die ich einigen Arrangements hinzugefügt habe. Von diesem Buch erst einmal inspiriert, warten in Ihrem tiefsten Inneren sicher noch mehrere Ideen darauf, geweckt zu werden. Es gibt so vieles, was man sticken und besticken kann!

Die Realisierung dieses Buches hat mir viel Freude gemacht – und ebensoviel Freude wünsche ich Ihnen beim Nacharbeiten.

Ihre Claudia Giesser

Allgemeines

Maschinen und ihre Möglichkeiten

Jede halbwegs moderne Maschine hat zumindest die beiden wichtigsten Nutzstiche in ihrem Programm. Dies sind der normale Nähstich, auch Geradstich genannt, und der Zickzackstich. Mit dem Zickzackstich, beim Sticken auch mal edel als Satinstich oder Raupennaht bezeichnet, kann man schon eine ganze Menge Motive oder Muster zaubern.

Neuere Maschinen bieten meist eine ganze Reihe zusätzlicher Stiche, etwa Elastikstiche, Overlockstiche und eine Vielzahl von Zierstichen. Damit lässt sich, wenn auch manchmal leicht abgewandelt, das ganze Buch »durchsticken«.

Maschinen, mit denen sowohl das Nähen als auch das Sticken mehr Spaß machen soll, sind ab ca. 1000,- DM erhältlich. Nach oben gibt es natürlich fast keine Grenzen und meist gilt: je teurer, desto mehr Komfort und desto größerer Näh- oder Stickspaß. Vom doppelten Stofftransport über einen Einfädler und die automatische Fadenspannung- oder Nähfuß-Druckeinstellung bis hin zum Fadenwächter für Ober- und Unterfaden bieten moderne elektronische Maschinen viel Komfort. Automatische Knopflöcher gehören heute zur Standardausrüstung fast aller Maschinen.

Außergewöhnlicher sind extra breite Stickmuster, normalerweise bis 9 mm breit, oder spezielle Maximuster bis 60 mm Breite.

Die meisten Hersteller bieten heute mindestens ein Spitzenmodell an, das an den PC angeschlossen werden kann. Dort werden Motive selbst entworfen oder nach dem Einscannen entsprechend bearbeitet.

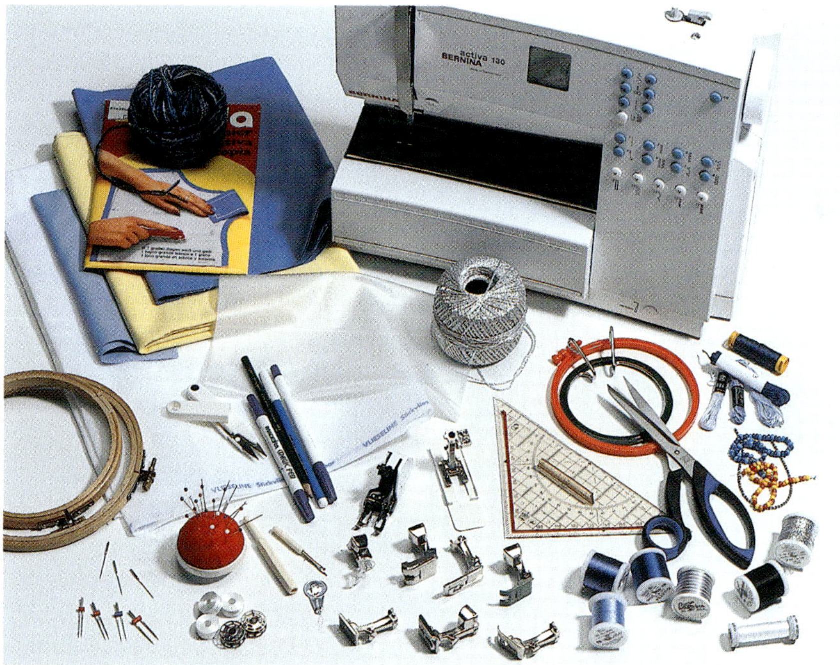

Aber auch ohne ein solches Luxusmodell können Sie durchaus reizvolle Ergebnisse erzielen. Mit ein bisschen Übung können Sie beispielsweise mit dem sogenannten freien Sticken Flächen ausfüllen. Versenken Sie zum freien Sticken den Transporteur und verwenden Sie den Stopf- oder Quiltfuß Ihrer Maschine (siehe Seite 9). Durch langsames Hin- und Herschieben des Stoffes bei schneller Nähgeschwindigkeit entstehen interessante Muster. Experimentieren Sie auch mit verschiedenen Sticharten. Es eignen sich Geradstiche ebenso wie Zickzackstiche oder spezielle Quiltstiche. Arbeiten Sie aber grundsätzlich mit einem Stickrahmen. Weitere Techniken zum **Ausfüllen von Flächen** finden Sie auf Seite 41 und 42.

Garne

Maschinenstickgarne unterscheiden sich von normalen Maschinennähgarnen dadurch, dass sie weniger stark gedreht sind und sich darum flächiger ausbreiten. Dies ergibt ein viel schöneres Stickbild, insbesondere bei feineren Stoffen. Mit Maschinenstickgarnen fallen die Stickereien auch deutlich weicher aus, was vor allem bei Bekleidung sehr von Vorteil ist.

Maschinenstickgarne gibt es in verschiedenen Ausführungen von unterschiedlichen Herstellern. Die größte Auswahl haben Sie bei gut sortierten Nähmaschinenhändlern. Glänzende Garne sind meist aus Viskose hergestellt. Daneben gibt es auch matte Baumwollstickgarne, die besonders im Landhausstil bevorzugt werden. In der Regel sind Stickgarne farbecht, sie können oft sogar bei 95°C gewaschen werden – natürlich nur, wenn es der bestickte Stoff erlaubt.

Interessant zu verarbeiten sind auch **Metallic-** oder **Metallfäden** oder **Garne mit Farbverlauf-Effekt.** Mit solchen ausgefallenen Garnen kann man auch ohne große Auswahl an Zierstichprogrammen attraktive Effekte erzielen.

Bei groben oder strukturierten Stoffen können Sie das Stickgarn auch doppelt verarbeiten. Dies erfordert eine größere Nadel (siehe Seite 8) und eine Fadenspannung, wie sie etwa zum

normalen Nähen verwendet wird (siehe Seite 8, **Oberfadenspannung).** Verwenden Sie zum gleichzeitigen Verarbeiten von zwei Fäden entweder zwei Garnrollen, oder spulen Sie ein Stück vom Faden auf eine normale Maschinenspule.

Maschinenstickgarne sind äußerst rutschig. Ein größerer Garnrollenteller verhindert bei liegenden Garnrollen ein ungewolltes Abwickeln des Fadens. Auch Netze, die für feine Overlockgarne verkauft werden, sorgen dafür, dass der Faden sich nicht selbständig abrollt. Zusätzliche Garnhalterungen sind im Nähmaschinenhandel für einige Maschinentypen ebenfalls erhältlich.

Als **Spulenfaden** kann man einen speziell dafür hergestellten Unterfaden verwenden (z.B. Bobbinfil von Madeira). Wer es noch einfacher haben will, kann diesen Unterfaden auch schon gespult und gepresst kaufen. Diese »Bobbins« braucht man nur noch in die Spulenkapsel einlegen – und los geht's. Die außergewöhnliche Lauflänge dieses Garns vermindert lästige Stickunterbrechungen. Bei Stickereien, die man nur von der schönen Seite her sieht, reichen zwei Garnfarben aus: Für helle Stickgarne oder Stoffe nimmt man einen weißen Unterfaden, für dunklere einen schwarzen. Bei transparenten Stoffen können Sie das Maschinenstickgarn auch als Spulenfaden verwenden.

TIPP

Für Metallgarne kann man bei festen Stoffen auch normales Nähgarn als Spulenfaden nehmen. Die Oberfadenspannung wird dann etwas größer gestellt, als normalerweise zum Sticken erforderlich.

Vernähen

Speziell bei Zierstichen ist oft ein schönes Vernähen mit einfacheren Maschinen nicht möglich. Deshalb lassen Sie Anfang und Ende der Fäden lang hängen und ziehen beide zur Rückseite des Stoffes durch. Am einfachsten geht dies, wenn Sie auf der linken Stoffseite am Unterfaden ziehen, so dass der Oberfaden eine Schlinge bildet. Jetzt werden beide Fäden vernäht oder verknotet.

Fadenspannung

Beim Sticken sollte die **Oberfadenspannung** sehr lose eingestellt werden. Der Unterfaden darf nicht auf der Vorderseite zu sehen sein, der Oberfaden dagegen sollte ruhig leicht zur Rückseite durchgezogen werden. Bei einigen Nähmaschinen ist die richtige Fadenspannung durch ein Knopflochsymbol an dem Einstellrad für die Fadenspannung gekennzeichnet. Hat Ihre Maschine eine Skala von 0 bis 9, so stellen Sie einen Wert zwischen 2 und 4 ein. Probieren Sie das Sticken mit der gewählten Einstellung auf jeden Fall vorher auf einem Stoffrest aus. Auf der Stoffrückseite dürfen sich keinesfalls Schlingen bilden, da dies den Faden reißen lässt oder die Maschine blockiert.

Die **Unterfadenspannung** sollte, wie auch beim normalen Nähen, so eingestellt werden, dass die eingefädelte Spulenkapsel sich leicht nach unten bewegt, wenn Sie das Fadenende festhalten und die Spule ein wenig schütteln. Meist ist an der Spulenkapsel eine Justierschraube für die Unterfadenspannung zu finden. Nähere Informationen finden Sie in der Gebrauchsanleitung Ihrer Nähmaschine.

Kräuselt sich der Stoff trotz richtiger Einstellungen und unter Verwendung eines Stickrahmens, so kann dies auch an einer zu großen Fadenmenge liegen. In der Industrie nennt man das Verdrängungskräuseln. Bei dichter Sticheinstellung lässt sich dieses Problem leider nicht immer ganz vermeiden.

Nadeln

Zum Maschinensticken sind spezielle Nadeln entwickelt worden, die ein Spalten oder Reißen des Stickgarnes verhindern sollen. Für »normale« Stickgarne eignen sich jedoch auch normale Maschinennadeln in der Stärke 70 – 80, sofern sie in einwandfreiem Zustand sind. Bei Verwendung von **Metallic-Garnen** sollte die Nadel ein größeres Öhr haben, damit das Garn ganz leicht durchgleiten kann. Günstig ist die Stärke 80 – 90. Wechseln Sie die Nadeln öfter, da vor allem Metallgarne das Nadelöhr mit der Zeit scharfkantig werden lassen. Ein gratiges Nadelöhr lässt den Faden häufig reißen. Nähen Sie mit Metallic-Garn langsamer als bei normalen Maschinenstickgarnen, um allzu schnelles Verschleißen des Fadens zu vermeiden. Eigens für Metallgarne entwickelte Sticknadeln haben die Stärke 80, wobei das Öhr im Vergleich zur feinen Spitze sehr groß ist.

Je nach Maschine, Garn und Stoffart werden unterschiedliche Nadeln erforderlich sein.

Probieren Sie Ihr ausgewähltes Garn mit dem entsprechenden Stoff und Stich mit verschiedenen Nadeln aus. Bei Problemen sollten Sie zu Maschinensticknadeln greifen.

Zwillingsnadeln sind für besondere Effekte ebenfalls gut geeignet. In der Regel werden Sie die Nadeln in 2,5 bis 6 mm Nadelabstand bekommen, wobei es auch noch engere Abstände gibt. Um Nadelbrüche zu vermeiden, achten Sie beim Sticken unbedingt auf die Stichbreite (Siehe »Effekte mit der Zwillingsnadel«, Seite 20).

Füßchen und ihre Verwendung

Ärgern Sie sich nicht über schlechte Näh- oder Stickergebnisse, wenn Sie »mit dem falschen Fuß aufgestanden sind«. Mit dem passenden Fuß zur entsprechenden Arbeit gelingen auch optisch anspruchsvollere Kreationen völlig mühelos. Besondere Füßchen werten auch eine einfache Nähmaschine erheblich auf. Es gibt sie in unterschiedlicher Auswahl für alle gängigen Maschinentypen.

Neben normalen Nähfüßchen bieten die Nähmaschinenhersteller unterschiedliche Stick- oder Effektfüßchen an. Für das Sticken gehört bei jeder Nähmaschine mit speziellen Stickstichen mindestens ein **Stickfüßchen** mit einer Aussparung für den perfekten Transport dichter Sticheinstellungen zur Grundausstattung. Lesen Sie in Ihrer Gebrauchsanweisung nach, welches das geeignetste ist. Verwenden Sie unbedingt zum Sticken diese speziellen Füßchen. Ein wesentlich schöneres Stickbild wird Sie dafür

Oben: Biesenfuß. Mitte: Offener Stickfuß mit Zwillingsnadel und Quiltfuß, Kordelfuß. Unten: Lochstickvorrichtung, Kreisstickapparat.

belohnen. Außerdem haben diese Füßchen oft Markierungen, die Ihnen das Ansetzen eines Musters erleichtern. Auch eine Wende um 90° mit anschließendem Neuanfang des Musters wird so spielend gemeistert.

Zum freien Sticken (siehe »Maschinen und Ihre Möglichkeiten«, Seite 6) verwenden Sie einen **Stopffuß.** Noch schöner wird die Arbeit aber mit einem **Quiltfuß.** Der Stoff lässt sich damit zielsicher transportieren, ohne dass die Sicht behindert wird. Eine Blume beispielsweise lässt sich schnell skizzieren. Zuerst werden die Konturen gestickt, danach wird beliebig ausgefüllt.

Um Bänder, **Kordeln** oder Häkelgarne zu übernähen, gibt es spezielle Füßchen mit entsprechenden Aussparungen oder Führungshilfen. Das mühsame Drücken der Kordel in die richtige Richtung bleibt Ihnen mit diesen Füßchen erspart. Außerdem werden dickere Kordeln beim Aufnähen nicht platt gedrückt. Lockern Sie bei dickeren Kordeln die Fadenspannung etwas.

Biesenfüße erleichtern die Arbeit sehr. Durch das Einhängen in einer bereits genähten Biese bleibt der Abstand zur nächsten automatisch gleich (siehe auch »Effekte mit der Zwillingsnadel«, Seite 20). Aber nicht nur zum Biesennähen ist der Fuß praktisch, sondern auch zum Übernähen von Handstickgarnen. Werden die Garne in die Aussparungen gelegt, so bleiben sie automatisch im gleichen Abstand absolut parallel (siehe auch »Effekte mit Bändern und Garnen«, Seite 21).

Mit einem **Kantenfuß** lassen sich Bänder aller Art schön gleichmäßig aufnähen.

Für fortlaufende Muster, die Sie im Kreis sticken möchten, gibt es eine zirkelähnliche Hilfe, auch **Kreisstickapparat** genannt (z. B. von Bernina). Sie machen ein Vorzeichnen des Kreises überflüssig, der Kreis wird automatisch rund. Kürzere Musterrapporte sind dabei leichter zu arbeiten als lange, und sie fallen meist gleichmäßiger aus.

Für die **Lochstickerei** gibt es spezielle Abdeckungen für den Transporteur, außerdem »Lochhalter« in verschiedenen Größen. So ist auch diese Arbeit ein Kinderspiel. Das Loch wird zuerst ausgestanzt, dann in den Lochhalter eingelegt und mit schmaleren Zickzackstichen gesichert. Anschließend kann es individuell verziert werden. Drehen Sie die Arbeit dabei langsam weiter.

Hilfsmittel

Vliese

Die wichtigsten Hilfsmittel sind die Vliese. Man erhält sie in gut sortierten Stoffläden oder auch im Nähmaschinenhandel.

Avalon ist eine transparente wasserlösliche Folie, die zu 100% aus Polyvinyl-Alkohol besteht. Sie ist unverzichtbar für Samt, Strick, transparente oder weiche Stoffe. Bei Frottee verhindert Avalon das Herausziehen von Schlingen. Das Motiv kann mit einem Zauberstift direkt auf die Folie gemalt werden. Außer bei Samt, grobem Strick oder Frottee können Sie das Motiv auch unter die Folie malen. Ungemein hilfreich ist Avalon auch beim Verarbeiten von Gardinenstoffen. Nach dem Sticken wird die Folie einfach mit viel klarem Wasser ausgewaschen und ist verschwunden. So bleibt der Stoff so weich und geschmeidig, wie er war. Beim Sticken entstandene Löcher in Avalon werden einfach nochmals mit Folie zugedeckt und überstickt. Haben Sie Ihr Motiv auf die Folie gemalt und ist diese kleiner als der Stickrahmen, so empfiehlt es sich, die Folie mit Heftstichen oder Stecknadeln auf dem Stoff zu fixieren. Spannen Sie die Folie dabei leicht.

TIPP

Avalon verkürzt die Arbeitszeit auch nach dem Sticken. Überall, wo kurvige und winkelige Stickereien das Ausreißen von Stickvlies zeitraubend machen, hilft Avalon.

Stickvliese zum Unterlegen sollten, sofern Sie keinen Stickrahmen verwenden, vor dem Sticken von der Mitte nach außen mit großen Stichen fixiert werden. Nach dem Sticken wird das Vlies um jedes Motiv herum wieder entfernt. Man reißt oder schneidet es weg. Bei qualitativ hochwertigen Produkten geht dies ganz leicht, z.B. Stickvlies von Vlieseline. Minderwertiges Stickvlies lässt sich meist nur in einer Richtung problemlos wegreißen.

Daneben gibt es auch Stickvliese, die man ohne Bügeleisen unter den Stoff klebt, wie zum Beispiel **Filmoplast H 54** von Freudenberg. Es ist auch für Stoffstücke geeignet, die kleiner als der Stickrahmen sind. Spannen Sie hierzu ein Stück Filmoplast mit der Schutzfolie nach oben in den Rahmen. Reißen Sie die Schutzfolie in Stoffgröße ab. Nun den Stoff einfach auflegen. Nach dem Sticken wird das Vlies ebenfalls abgerissen, eventuelle Kleberückstände lösen sich beim Waschen.

Hauptsächlich zum Applizieren (siehe Seite 30) ist ein Produkt mit der Bezeichnung **Vliesofix** (Freudenberg) interessant. Es ist beidseitig mit einer Haft-Beschichtung versehen und verbindet zwei Stofflagen beim Bügeln. Erst wird der Applikationsstoff auf das Vlies gebügelt. Dann wird die Form genau ausgeschnitten und anschließend auf den Trägerstoff gebügelt. Die Teile können nicht mehr verrutschen, und sie verziehen sich auch nicht. Selbst Jerseystoffe lassen sich so problemlos applizieren. Statt Vliesofix können Sie für kleinere Teile auch »Saumfix« oder »Bügelnaht« verwenden. Dies sind schmale, beidseitig beschichtete Vliesstreifen, die ebenfalls zwischen zwei Stofflagen geschoben und aufgebügelt werden.

Um einer Applikation mehr Fülle zu geben, können Sie dünnes **Volumenvlies** unter den Applikationsstoff legen. So tritt die Applikation plastisch hervor.

Ein zur Spirale gelegtes Garn zwischen zwei Lagen Avalon wird mit Metallfaden überstickt zur Applikation. Davor: Arbeiten mit Filmoplast.

Stickrahmen

Bei allen feinen Stoffen benötigen Sie zusätzlich einen Stickrahmen. Beim Kurvensticken ist der Stickrahmen auch bei festeren Stoffen eine Hilfe. Für stärkere Lenkbewegungen sollten Sie dennoch die Maschine anhalten und bei eingestochener Nadel und angehobenem Nähfuß den Stoff drehen.

Kleine Stickrahmen haben den Vorteil, dass der Stoff gleichmäßig straff gespannt werden kann. Für große Stickereien sollten Sie jedoch unbedingt einen Rahmen verwenden, der ringsherum ca. 3 – 4 cm größer als das Motiv ist. Zum Kauf eines geeigneten Stickrahmens messen Sie den Abstand zwischen Nähplatte und Füßchen im angehobenen Zustand. Bei den meisten Maschinen beträgt er etwa 1 cm. Spezielle Stickrahmen für die Nähmaschine erhalten Sie oft in Nähmaschinengeschäften oder Kaufhäusern. Können Sie keinen so schmalen Stickrahmen finden, sollten Sie einen aus Holz kaufen. Feilen Sie eine Kerbe bis zur Durchlasshöhe des Füßchens in ungefähr doppelter Füßchenbreite, damit Sie den Rahmen problemlos in die Maschine schieben können. Nehmen Sie dabei so wenig Holz wie möglich weg, da der Rahmen sonst an Stabilität verliert. Wenn Sie Nadel und Füßchen entfernen, können Sie auch dickere Rahmen verwenden.

Vermeiden Sie es, elastische Stoffe ausgedehnt in den Stickrahmen zu spannen. Am besten ist es, den Stoff zwischen zwei Lagen Avalon-Folie zu legen. Zum leichteren Einspannen können Sie die Lagen mit großen Geradstichen rund um das Muster aufeinander heften. Die Folie sollte hierbei größer als der Stickrahmen sein.

Zum Einspannen des Stoffes legen Sie den äußeren Ring unter den Stoff. Er sollte nur leicht geöffnet und somit nur wenig größer als der Innenring sein. Der Grad der Öffnung variiert jedoch je nach Stoffstärke und verwendetem Vlies. Drücken Sie nun von oben den kleineren Innenring etwa zu 2/3 hinein. Schrauben Sie den Rahmen zu. Anschließend drücken Sie den Innenring vollends hinein. Meist ersparen Sie sich so das Nachspannen des Stoffes. Sollte er dennoch zu locker sein, so spannen Sie das Gewebe etwas in Längs- und Querrichtung und drehen Sie den Rahmen fester zu.

Bei Klemmrahmen drücken Sie die Klemme eventuell wieder etwas zusammen, um den Stoff straff zu spannen.

Ist ein Muster größer als der Stickrahmen, kann der Rahmen bei eingestochener Nadel gelockert und behutsam verschoben werden. Danach den Stoff wieder sorgfältig einspannen und das Muster vervollständigen. Je größer dabei die Arbeitsfläche um die Nadel herum ist, desto besser. Bei vielen Nähmaschinenmodellen lässt sich die Nähfläche durch einen speziellen Anschiebetisch vergrößern. Mit etwas handwerklichem Geschick kann man sich ein solches Hilfsmittel auch aus Holz selbst bauen.

Kopierhilfen

Für alle Stifte gilt: Probieren Sie zuerst an einem Stoffrest oder einer unsichtbaren Stelle aus, ob sich die Farbe restlos wieder entfernen lässt. Beachten Sie immer die Hinweise des jeweiligen Herstellers.

Bügelstifte sehen aus wie normale Buntstifte und eignen sich vor allem für hellere Stoffe. Besonders geeignet sind sie für Naturfasern wie Baumwolle oder Leinen. Auf Synthetik, Mischfasern

oder Seide haften die Konturen nicht. Schlecht kopierte Details können direkt auf dem Stoff nachgezeichnet werden. Sie können mit dem Bügelstift ein Muster auch direkt auf den Stoff malen. Reste werden einfach ausgewaschen. Das Motiv wird auf ein durchscheinendes Papier abgepaust, mit der bemalten Seite auf den Stoff gelegt und aufgebügelt. Achtung: Muster, die nicht spiegelverkehrt erscheinen dürfen, müssen Sie erst einmal abpausen, bevor Sie auf der Rückseite dieses Papiers dann mit dem Bügelstift die Konturen nachmalen. In der Regel können Sie ein Bügelmuster zweimal auf einen Stoff übertragen, ohne das Motiv mit dem Stift nachzeichnen zu müssen.

Schneider-Kopierpapiere gibt es in mehreren Farben, so dass für jede Stofffarbe eine Übertragung des Musters möglich ist. Wählen Sie jedoch keine zu starke Kontrastfarbe. Für Frottee oder andere grob strukturierte Stoffe ist das Kopierpapier ungeeignet. Legen Sie das Papier mit der beschichteten Seite auf die rechte Stoffseite und darauf Ihre Zeichnung. Am besten klappt die Übertragung mit einer nicht zu dünnen Stricknadel oder einem leeren Kugelschreiber. Nimmt der Stoff die Farbe nicht gut an, so hilft es meist, wenn Sie ein doppelt gefaltetes Küchentuch unter die Arbeit legen. Auch spiegelverkehrte Muster lassen sich bei dünnen Stoffen einfach mit Kopierpapier herstellen. Legen Sie dazu das Kopierpapier mit der beschichteten Seite nach oben auf den Tisch. Anschließend den Stoff mit der rechten Stoffseite auf das Papier legen. Ihre Vorlage legen Sie mit der Motivseite nach oben auf die zu Ihnen zeigende linke Stoffseite. Zeichnen Sie nicht zu viel auf einmal an, da sich die Konturen beim Sticken und beim Hantieren mit dem Stoff abreiben.

Zauberstift- oder **Magic-Pen-Markierungen** werden nach einer Weile unsichtbar. Reste oder »Zeichenfehler« lassen sich leicht auswaschen oder mit einem feuchten Tuch entfernen.

Aqua-Stifte (z. B. von Prym) können mit klarem Wasser einfach entfernt werden. Manchmal genügt sogar ein feuchtes Tuch, mit dem Sie über die Konturen wischen. Wie alle Filzschreiber neigt auch der Aqua-Stift auf Synthetik zum Auslaufen. Vor allem bei neuen Stiften verlaufen die Konturen leicht.

Silberstifte sind zum Bemalen von dunkleren Stoffen gedacht.

Eine weitere Möglichkeit wird im Kapitel »Muster übertragen« auf Seite 17 erklärt.

Vorbereitungen

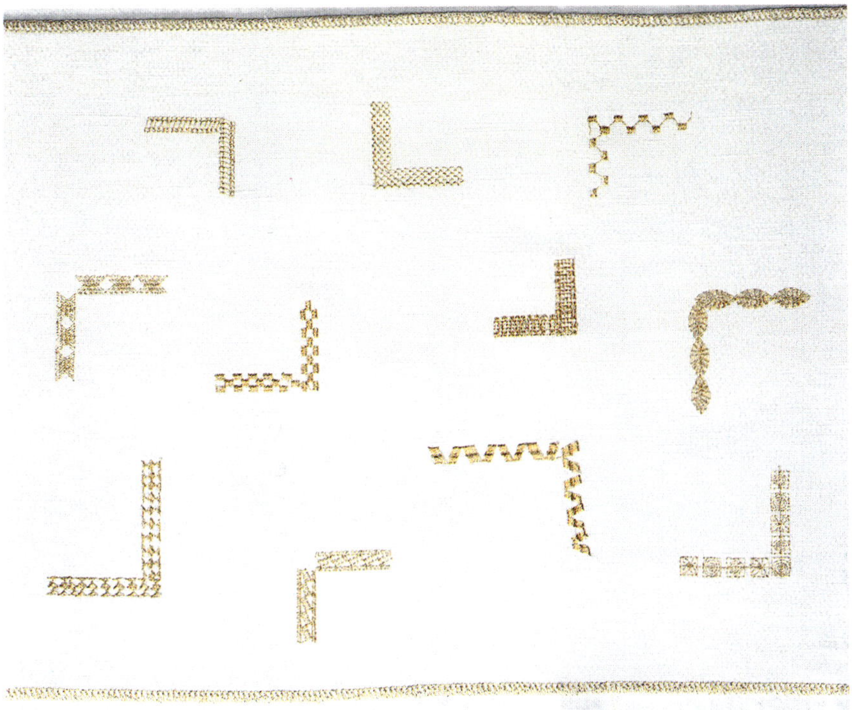

Um 90° abgewinkelte Bordürenmuster, siehe Seite 18.

Vor allem feste Baumwollstoffe eignen sich für erste Stickversuche. Die Stoffe sollten jedoch nicht zu grob sein. Für den Anfang erzielen Sie die besten Ergebnisse, wenn Sie sich erst einmal an Bordüren mit einer Nadel oder mit der Zwillingsnadel versuchen. Danach können Sie sich an Motive wagen, die einige nicht zu enge Kurven enthalten. Arbeitet Ihre Maschine nicht einwandfrei, so sollten Sie auch zum Probieren schon Vliese verwenden, Nadeln auswechseln und nicht vergessen, nach den Fadenspannungen zu sehen. Hilft dies alles nicht weiter, so sollten Sie mit Ihrer Maschine einen Kundendienst aufsuchen.

Ehe Sie ein konkretes Projekt in Angriff nehmen, sollten Sie unbedingt auf einem Reststück des Originalstoffs oder einem möglichst ähnlichen Stoff das Stickverhalten prüfen.

Muster vervielfältigen

Möchten Sie mehrere gleiche Muster auf einem Stoff anordnen, ist es ratsam, mit mehreren Fotokopien des Musters zu arbeiten. So können Sie sich schon vorher ein gutes Bild vom Endergebnis machen. Reizvoll ist es auch, ein Muster in verschiedenen Größen zu sticken.

Stellen Sie die gewünschte Größe am Kopierer ein. Verteilen Sie diese Muster auf dem Stoff und schieben Sie sie so lange umher, bis Sie mit dem Ergebnis zufrieden sind (siehe auch »Lustige Vögel« auf Seite 38).

Haben Sie keinen Kopierer zur Verfügung, so pausen Sie das Muster einmal ab und verwenden dann entweder Kopierpapier oder das gute alte Kohlepapier für normale Schreibmaschinen. Legen Sie mehrere Blätter Kohlepapier und Papier im Wechsel unter Ihr abgepaustes Motiv und drücken Sie kräftig auf.

Muster vergrößern, verkleinern oder verzerren

Mit einem Kopierer ist dies kein Problem. Einfach die gewünschte Größe einstellen und los geht's. Eine andere Alternative ist das alt bekannte Gittersystem. Pausen Sie dazu Ihr Muster ab, am besten gleich auf Karopapier, oder überziehen Sie Ihr Motiv anschließend mit einem Raster.
Zum Vergrößern zeichnen Sie auf einem neuen Blatt Papier ein Gitter mit größeren Feldern auf, in das Sie dann Feld für Feld Ihr Muster übertragen. Zum Verkleinern zeichnen Sie ein kleineres Raster. Die Karogröße beim Originalmotiv richtet sich nach der Kompliziertheit des Musters oder nach Ihrem zeichnerischen Talent. Ein Beispiel: das Originalmotiv ist 10 cm hoch. Sie können

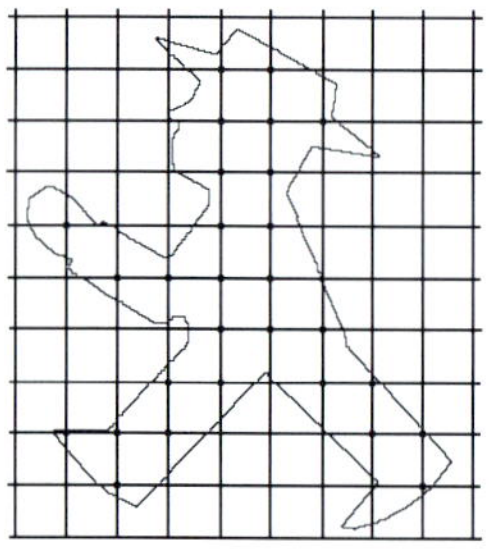

Originalmotiv

verkleinert

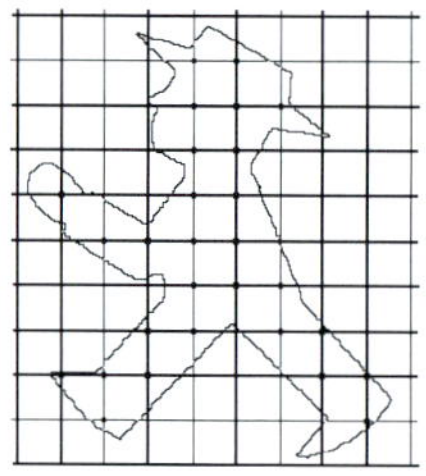

vergrößert

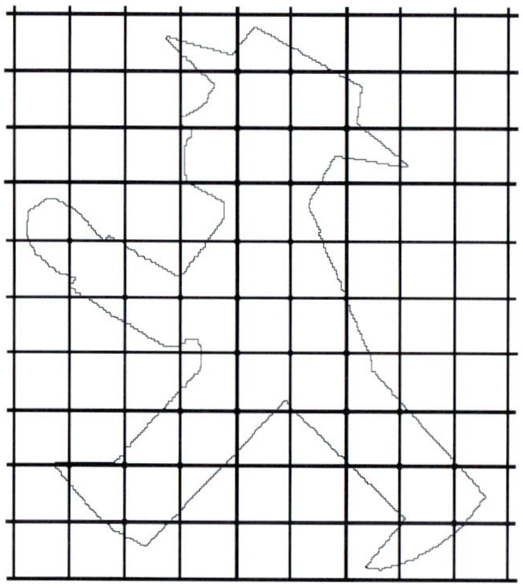

verschmälert

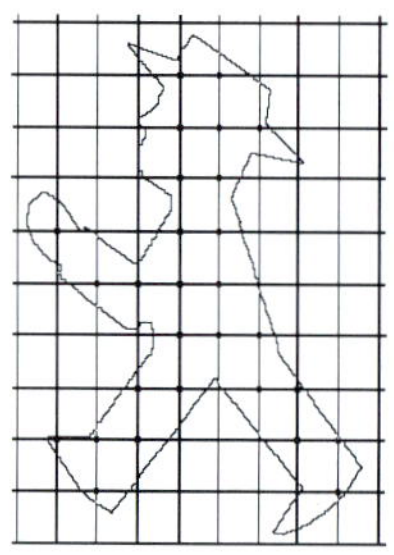

es in zehn 1 cm große Karos (oder auch in vier Karos zu je 2,5 cm) einteilen. Soll das Stickmotiv nachher nur 7 cm hoch sein, so zeichnen Sie erst einen 7 cm hohen Rahmen für Ihr Raster und teilen diesen wieder in zehn (oder vier) Kästchen auf. Die Anzahl der Kästchen bleibt jedoch unverändert.

Durch Verzerren können Sie ein Motiv einem speziellen Format anpassen. Dies ist erforderlich, wenn Sie zum Beispiel eine Tasche auf einer Bluse besticken möchten und das Motiv proportional nicht stimmig ist. Zeichnen Sie die Karos nun schmäler, als sie hoch sind, so können Sie ein Motiv einseitig ändern, in diesem Falle verschmälern. Auch hier bleibt die Anzahl der Karos unverändert. Lediglich die neue Breite der Karos wird verschmälert. Die erforderliche Breite eines Rasterfeldes beim Verzerren errechnen Sie, indem Sie die neue Gesamtbreite des Motivs durch die Anzahl der Rasterfelder teilen.

TIPP für Könner

Zeichnen Sie doch statt Quadraten oder Rechtecken einmal Rauten und verzerren Sie Ihr Muster in der Diagonalen.

Müster anordnen

Möchten Sie ein Stück Stoff mit mehreren gleichen oder ähnlichen Motiven verzieren, so sollten Sie zunächst überlegen, ob Ihnen eine regelmäßige oder eine versetzte Anordnung besser gefällt. Gehen Sie bei der Anordnung der Motive mit System vor, so vermeiden Sie, dass das Muster an den Ecken nicht mehr passt oder dass Sie bei den Motivabständen auffällig »mogeln« müssen.

Bei Tischdecken zum Beispiel ist es sinnvoll, die Motive von der Mitte aus zu verteilen. Um nach dem Sticken nicht feststellen zu müssen, dass nur einer am Tisch die schöne Stickerei sehen kann,

regelmäßige Anordnung

versetzte Anordnung

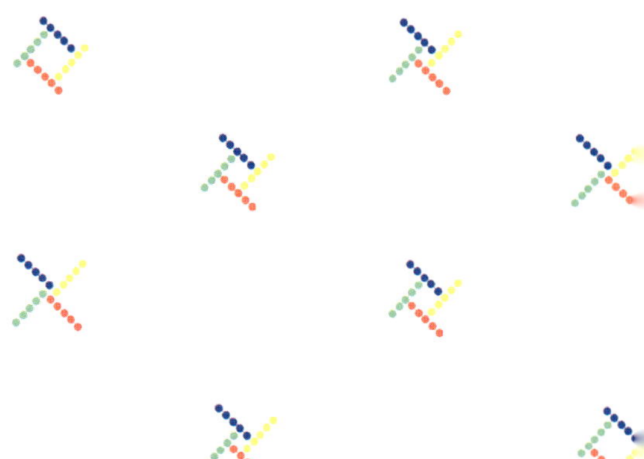

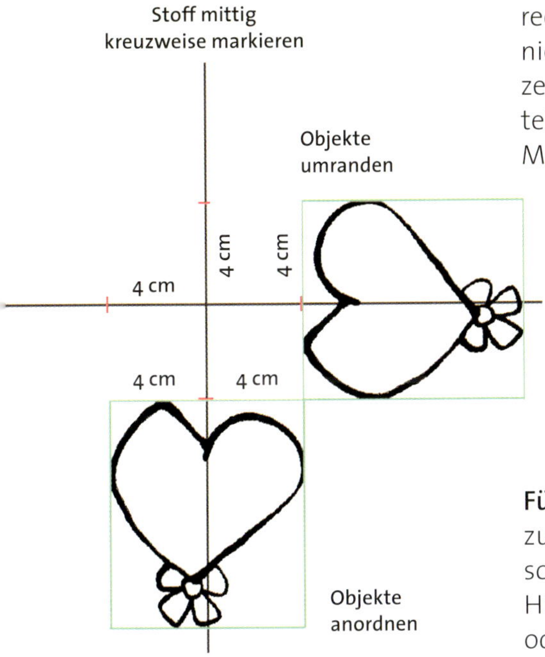

möchte ich Ihnen hier ein paar Hilfen anbieten, damit die Motive auch wirklich in der Mitte bleiben. Mit dieser Methode können Sie nicht nur Einzelmotive und vorhandene Zierstiche aus Ihrem Nähmaschinenprogramm, sondern auch Bordürenmuster um eine Mitte arbeiten. Die Motive liegen auf diese Weise gleichmäßig dicht beieinander.

Bei großen Motiven entwerfen Sie die Anordnung am besten zuerst auf einem Blatt Papier. Übertragen Sie Ihr komplett angeordnetes Muster dann von dieser Konstruktion auf den Stoff.

Um ein Mittelmotiv aus **vier einzelnen Motiven** zu formen, markieren Sie zuerst die senkrechte und waagerechte Mitte Ihres Stoffes mit Heftstichen oder einem gut entfernbaren Stift. Umranden Sie das Motiv rechtwinklig, um die äußeren Linien zu begrenzen. Anschließend zeichnen Sie eine senkrechte Mittellinie in Ihr Motiv. Legen Sie die Mittellinie des Motives auf eine der im Stoff markierten Linien. Der Abstand vom Kreuzungspunkt der Stoffmarkierung zum oberen Rand der Motivumrandung entspricht genau einer halben Motivbreite. Verfahren Sie so mit allen 4 Motiven.

Fünf Motive gleichmäßig anzuordnen ist schon etwas schwieriger, aber mit Hilfe eines Geodreiecks oder Winkelmessers keine Hexerei. Zeichnen Sie auf einem Stück Papier zuerst eine waagerechte Linie, die auf jeden Fall deutlich länger sein muss als Ihr Motiv. Am Anfang dieser Linie legen Sie nun ein Geodreieck an und markieren 72° und 144°. Verbinden Sie die Punkte jeweils mit dem Anfang der ersten Linie.

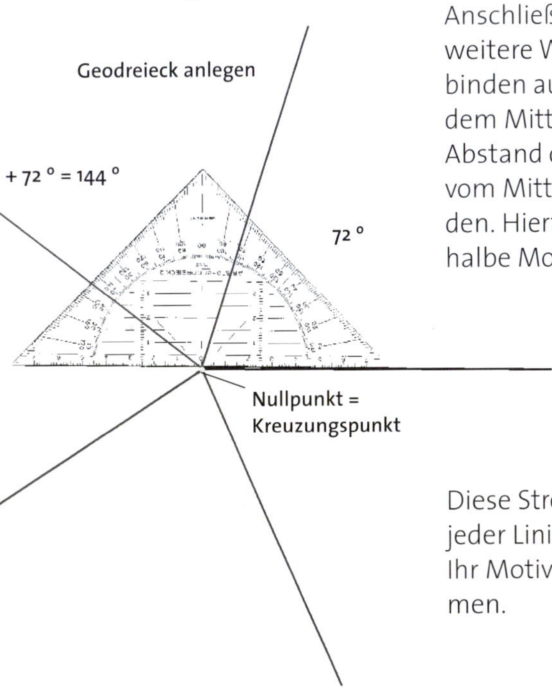

Damit wird der Nullpunkt der ersten Linie zum Kreuzungspunkt der Konstruktions-Hilfslinien.

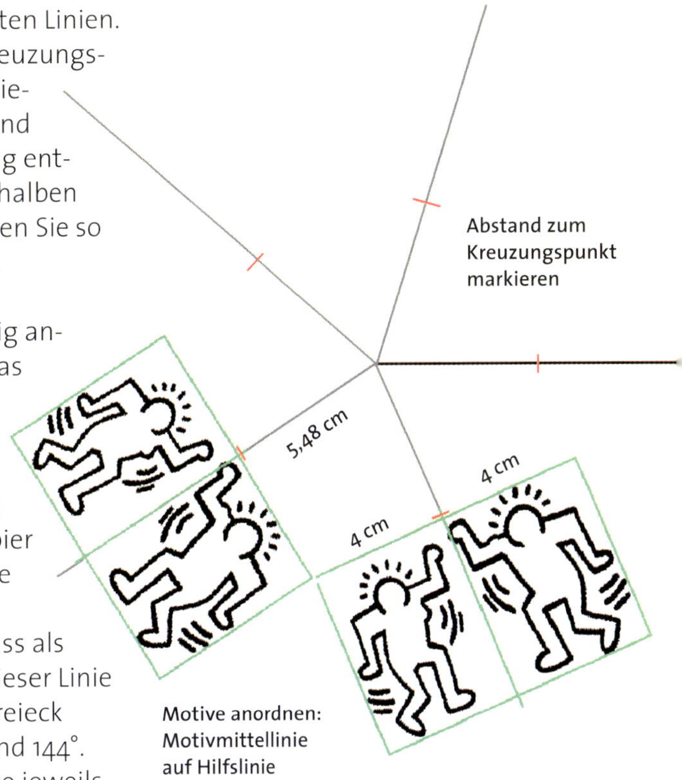

Anschließen markieren Sie zwei weitere Winkel von 72° und verbinden auch diese Punkte mit dem Mittelpunkt. Nun muss der Abstand der Motivbegrenzungen vom Mittelpunkt errechnet werden. Hierfür multiplizieren Sie die halbe Motivbreite mit 1,37.

Ist Ihr Motiv beispielsweise 8 cm breit, so rechnen Sie: 1,37 mal 4 cm = 5,48 cm.

Diese Strecke messen Sie nun auf jeder Linie ab und platzieren hier Ihr Motiv mit seinem oberen Rahmen.

TIPP

Wollen Sie **fünf** (oder jede andere beliebige Zahl) einzelne Bordürenmuster zu einem Gesamtmotiv anordnen, so zeichnen Sie am besten eine Schablone. Nähen Sie erst einmal das Motiv in der gewünschten Größe und messen Sie dessen Länge. Elektronische Ma-

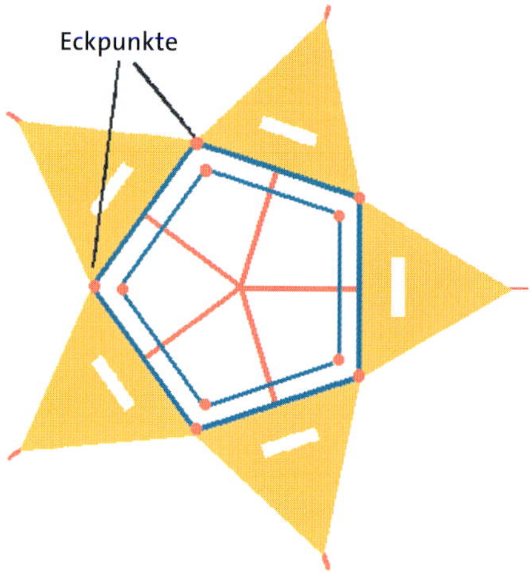

schinen besitzen meist die Funktion »Einzelmuster«, mit der Sie verhindern, dass die Maschine nach Beenden des Musters weiternäht. Wer diese Funktion nicht an seiner Nähmaschine hat, muss eventuell mehrere Probemotive sticken. Konstruieren Sie dann ein Hilfsliniensystem wie oben beschrieben. Legen Sie die Schablone auf Kopierpapier und drücken Sie nur die Eckpunkte (in der Zeichnung rot markiert) auf den Stoff durch. Für andere Musterlängen erweitern Sie diese Schablone einfach. Beim anschließenden Sticken peilen Sie einfach immer diese Eckpunkte an. Leichte Abweichungen in der Musterlänge können Sie durch vorsichtiges Ziehen oder Stauchen beeinflussen.

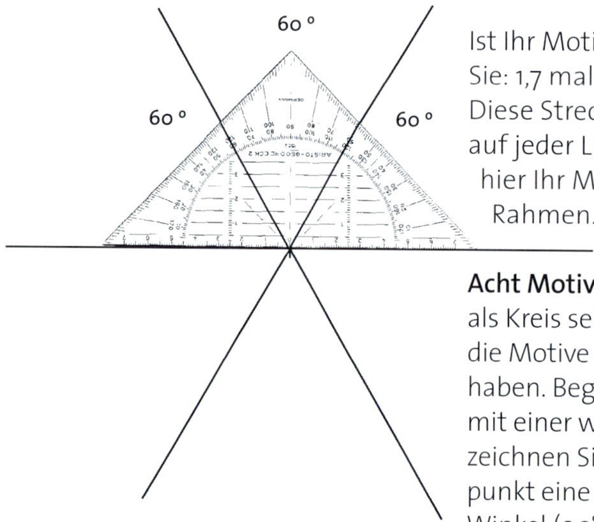

Bei **sechs Motiven** beginnen Sie mit einer sehr langen waagerechten Linie. Messen Sie von der Mitte dieser Linie 60° und 120° ab. Verlängern Sie diese Punkte quer durch den Kreuzungspunkt zur anderen Seite der ersten Hilfslinie. So wird die Mitte der ersten Linie zum Kreuzungspunkt des Hilfsliniensystems.
Der Abstand Ihres Motivs zum Kreuzungspunkt wird nach folgender Formel berechnet. Motivabstand vom Kreuzungspunkt = halbe Motivbreite mal 1,7.

Ist Ihr Motiv 5 cm breit, so rechnen Sie: 1,7 mal 2,5 cm = 4,25 cm. Diese Strecke messen Sie nun auf jeder Linie ab und platzieren hier Ihr Motiv mit seinem oberen Rahmen.

Acht Motive kann man fast schon als Kreis sehen, besonders wenn die Motive keine geraden Kanten haben. Beginnen Sie hierzu wieder mit einer waagerechten Linie und zeichnen Sie durch den Mittelpunkt eine zweite Linie im rechten Winkel (90°). Zeichnen Sie im Win-

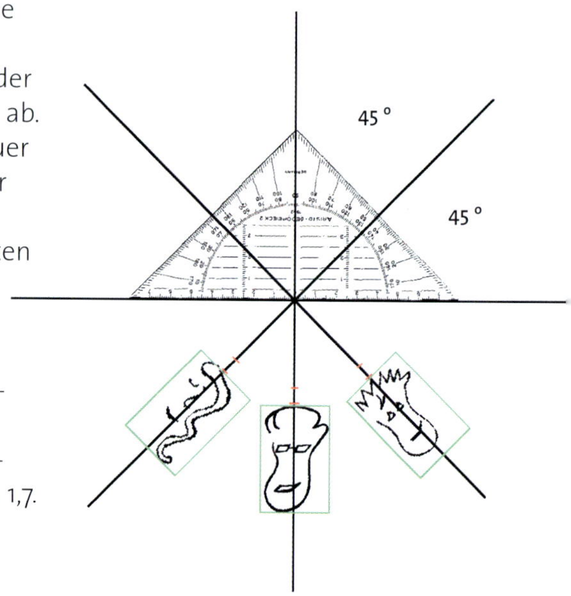

kel von 45° zur ersten Linie eine weitere Linie durch den Mittelpunkt sowie eine letzte im rechten Winkel zur dritten. Ihr Motivabstand wird wie folgt berechnet: Motivabstand vom Kreuzungspunkt = halbe Motivbreite mal 2,4.
Ist Ihr Motiv 4 cm breit, so rechnen Sie: 2,4 mal 2 cm = 4,8 cm. Diese Strecke wird auf den Hilfslinien angezeichnet, dann legen Sie dort die Rahmen der Einzelmotive an.

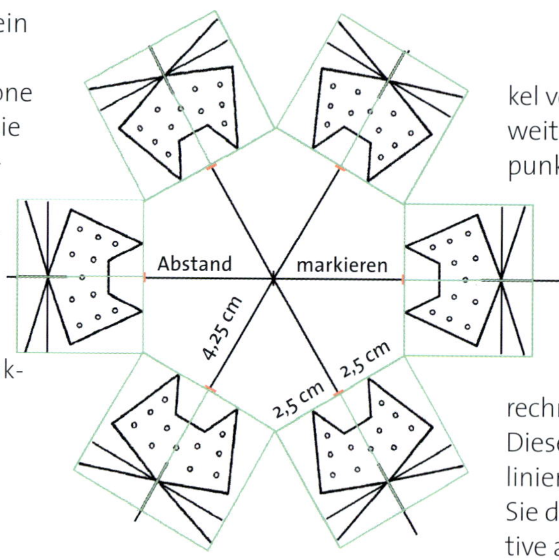

TIPP

Sind Ihre Muster unterschiedlich groß, so verwenden Sie zum Anordnen dennoch Rahmen gleicher Größe, in denen die Motive jeweils mittig platziert werden. Bei schmalen Motiven kann es besser aussehen, wenn der Abstand zum Mittelpunkt etwas vergrößert wird. Natürlich muss die Verschiebung bei allen Motiven identisch ausfallen.

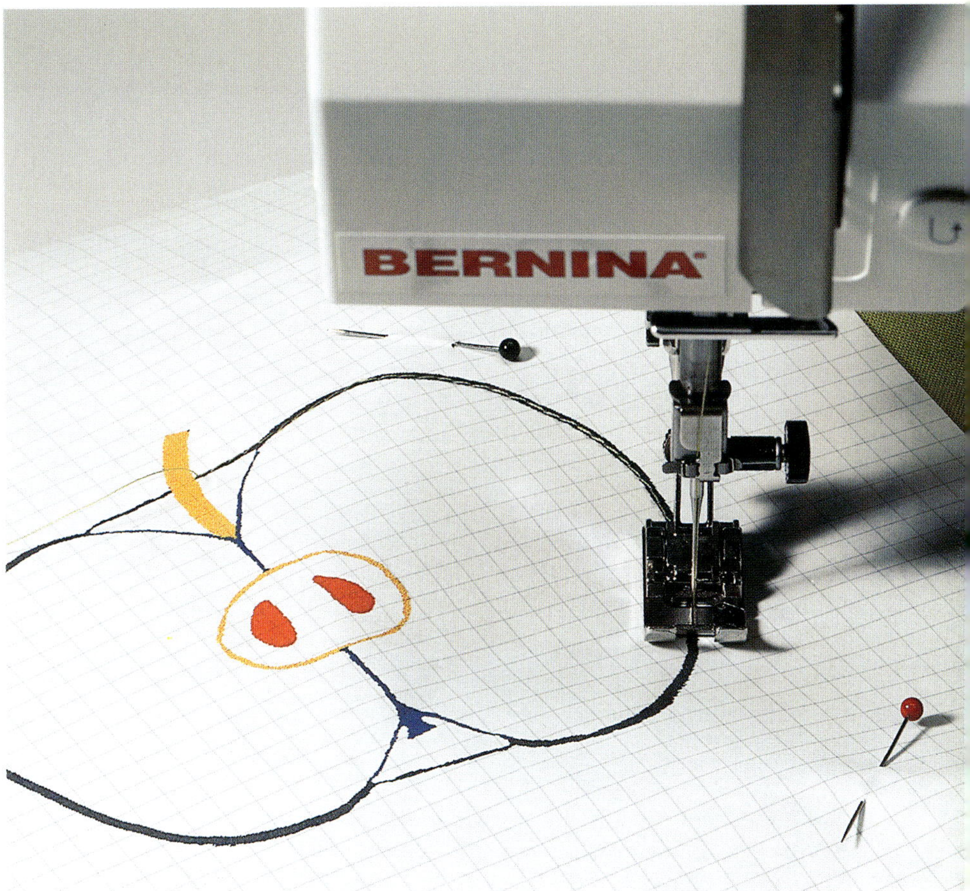

Muster übertragen

Mit Bügel-, Zauber-, Aqua- oder Silberstift oder dem Kopierpapier haben Sie die wichtigsten Übertragungsmöglichkeiten bereits kennen gelernt (siehe Seite 12). Am einfachsten ist es, das Stickmotiv abzupausen. Scheint das Muster nicht durch den Stoff, so hilft es oft, den Stoff gegen eine Fensterscheibe zu halten. Einfacher können Sie auf einem Glastisch arbeiten, wenn Sie darunter eine Lampe installieren, die Ihre Arbeit erhellt. Aber Vorsicht! Halten Sie unbedingt ausreichenden Sicherheitsabstand zu allen brenn- und schmelzbaren Materialien ein. Lampen entwickeln eine beträchtliche Hitze.

Eine weitere Möglichkeit besteht darin, dass Sie Ihr Motiv erst auf ein Stück Fotokopierpapier oder Pergamentpapier aufmalen oder abpausen. Verwenden Sie zum Zeichnen einen dünnen Bleistift. Weißer Stoff wird allerdings durch Bleistift gerne schmuddelig. Benutzen Sie hier lieber einen dünnen Filzstift, der ganz trocken sein muss, bevor Sie das Papier auf den Stoff legen. Befestigen Sie das Papier mit wenigen Stecknadeln auf der richtigen Stelle des Stoffes. Nun nähen Sie die Konturen mit dem Geradstich einfach nach und entfernen anschließend das perforierte Papier. Je mehr kleine Details das Motiv hat, desto kleiner sollten Ihre Stiche sein (ca. 2,5 mm lang). Danach können Sie Ihr Motiv einfach darüber sticken.

PFLEGETIPPS

Bügeln Sie Ihre Stickereien immer von links. Damit auch die Zwischenräume schön glatt werden, empfiehlt es sich, ein Frotteehandtuch unter die Stickerei zu legen. Zum Waschen wenden Sie das bestickte Stück ebenfalls auf die linke Stoffseite. Praktisch ist auch ein Wäschesack oder ein alter Kopfkissenbezug, der die feinen Stickereien vor allzu großen mechanischen Strapazen in der Waschmaschine schützt. Nach dem Waschen den Stoff in Form ziehen und eventuell noch feucht bügeln.

Sticken

Bordüren

Wenn man einige Regeln beachtet, kann man mit den Zierstichen des Nähmaschinenprogramms attraktive Bordüren gestalten.

Ob Ihre Maschine ein Muster **mittig** oder zu einer Seite hin versetzt stickt, können Sie feststellen, wenn Sie die Breite des Stiches verändern. Meist ist dieser Effekt nicht zu bemerken, störend macht er sich jedoch sofort bemerkbar, wenn Sie eine Kordel oder ein Häkelgarn während des Stickens unter das Muster leiten. Die Kordel erscheint dann nicht mittig im Muster. Durch Veränderung der Nadelposition lässt sich dies eventuell korrigieren.

Breitenänderung symmetrisch

Breitenänderung nach einer Seite

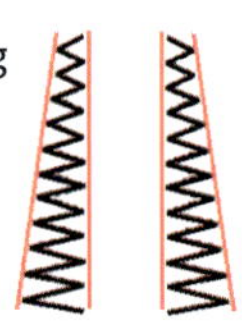

Manche Maschinen haben einen **Zickzackstich,** bei dem sich die Breite von der Mitte heraus zu beiden Seiten gleich verbreitern oder verschmälern lässt. Dieser Zickzackstich eignet sich für symmetrische Formen, wie zum Beispiel die Blütenblätter der Margeriten auf Seite 44. Zusätzlich gibt es noch einen Zickzackstich, bei dem die Breitenänderung wahlweise nur nach rechts oder nach links passiert. Bei manchen Maschinen kann man dies auch durch Verstellen der Nadelposition auf ‚ganz links' oder auf ‚ganz rechts' erreichen. Dieser einseitige Zickzackstich eignet sich hervorragend für Muster, die asymmetrisch spitz zulaufen. Nette Effekte gibt es bei beiden Varianten, wenn Sie während des Nähens den Stich langsam schmäler und wieder breiter einstellen.

Bei plötzlichem **Fadenbruch** oder einer leeren Spule ist es wichtig zu wissen, wo ein Muster anfängt. Nicht immer stimmen die Zeichnungen auf der Maschine mit dem tatsächlichem **Musterbeginn** überein. Neuere Nähmaschinen haben eine Extrataste für den Musterbeginn. Ältere Maschinen beginnen ein Muster von vorn, wenn man zunächst auf einen anderen Stich umstellt und dann das eigentliche Muster wieder einstellt. Mit dem neuen Faden fangen Sie immer am Musterbeginn an. Der gerissene Faden wird so durch Übernähen gesichert und der Musterverlauf wird nicht gestört.

Auf **Musterstücken** kann man schon sehr gut erkennen, welche Stiche unbedingt ein Vlies als Unterlage brauchen oder sogar einen Stickrahmen erforderlich machen. In der Regel sind es die Stiche, die flächig und breit sind. Allerdings spielt auch die Festigkeit des Stoffes eine große Rolle.

Muster, die Sie **um die Ecke** legen wollen, werden ab Musterbeginn ein Stück vom Stoff abgepaust. Hervorragend eignet sich dazu das Fenster eines alten Briefumschlages. Schneiden Sie das abgepauste Stück davon aus und legen Sie es 90° zur jetzigen Stickrichtung auf den Stoff. Ohne den Faden abschneiden zu müssen, können Sie so sehen, wo Sie ihn unter dem neuen Musteranfang durchführen können, damit er »unsichtbar« bleibt. Stechen Sie notfalls ein bis zwei Mal mit einem Geradstich Richtung Musterneuanfang in den Stoff ein, um den Faden zu fixieren.

Muster mit langen Vorwärtsstichen können Sie quer zur Nährichtung noch mit Häkel- oder Handstickgarnen verzieren. Das sieht gleich viel aufwendiger aus, ist aber ganz einfach. Fädeln Sie hierzu einfach das entsprechende Garn ein und erledigen den Rest von Hand.

Bei Mustern mit langen Querstegen können gleich beim Sticken Garne unterlegt werden. Spezielle Füßchen erleichtern diese Arbeit.

Und überhaupt, wer sagt denn, dass man Bordüren nur geradeaus nähen kann? Versuchen Sie es einmal in Zinnenform oder in

So ganz beiläufig entstehen aus Bordüren plötzlich Sternchen, Rauten oder Dreiecke. Für die Fünf- bis Achtecke auf dem Foto habe ich mir jeweils ein Hilfsliniensystem vorgezeichnet (siehe Tipp unter »Muster anordnen, Fünf Motive« auf Seite 16). Je nachdem, ob Sie danach einen Zierstich innen oder außen um die markierten Eckpunkte nähen, erhalten Sie zusätzliche Variationen. Auch zwei Farben, die Sie nacheinander versetzt überlappend sticken, oder Multicolor-Garne ergeben ungeahnte Effekte. Pfeile und andere Zierstiche kommen besser zur Geltung, wenn man sie durch dazwischen gesetzte Geradstiche etwas auseinanderzieht.

Form hängender Eiszapfen. Auch vor und wieder zurückgestickte Muster oder Motivelemente, die einander spiegelverkehrt gegenüberliegen, bringen Abwechslung in Bordürenmuster.

Raffinierte Effekte erreichen Sie relativ preisgünstig auch mit einem Kreisstickapparat, wie er auf Seite 9 zu sehen ist. Auf diese Weise entstehen aus unscheinbaren, kleinen Müsterchen wirklich erkennbare Motive.

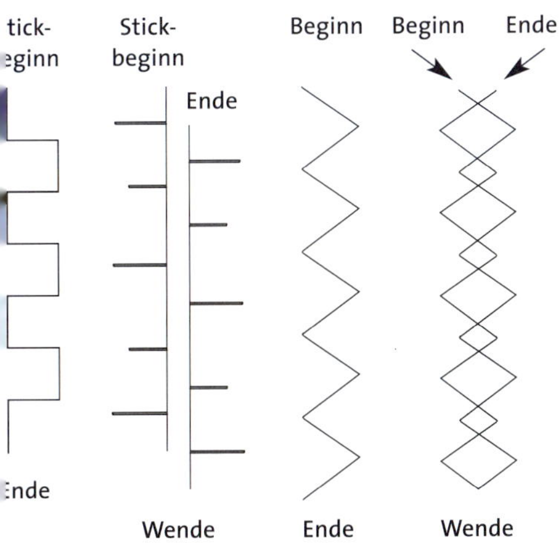

Enge Zickzackstiche

Satinstiche, auch Raupennaht genannt, sind nichts anderes als normale Zickzackstiche. Man stellt, je nach Motiv, eine Stichbreite von 1,5 – 3,5 mm ein. Abhängig von Garn und Stoff beträgt die Stichlänge etwa 0,3 mm. Die Stiche liegen dadurch so eng beieinander, dass sie nicht mehr als Zickzackstiche zu erkennen sind. Satinstich eignet sich sehr gut zum Applizieren, aber auch zum Sticken markanter Konturlinien. Mit dem Zickzackstich, über den heute jede Haushaltsnähmaschine verfügt, können Sie fast alle hier im Buch gezeigten Muster nacharbeiten. Folgen Sie dazu nur den Motivkonturen.

Um ganze Flächen mit Stickgarn auszufüllen, stellen Sie den Zickzackstich so breit wie möglich ein. Je nach Maschine sind dies 5 – 9 mm (siehe auch »Wärmflaschenbezug« auf Seite 42). Dazu sollten Sie aber auf jeden Fall einen Stickrahmen benutzen, weil der Stoff sonst zusammengezogen wird. Folgen Sie zuerst einer möglichst geraden Randbegrenzung, dann füllen Sie die Fläche Reihe für Reihe aus.

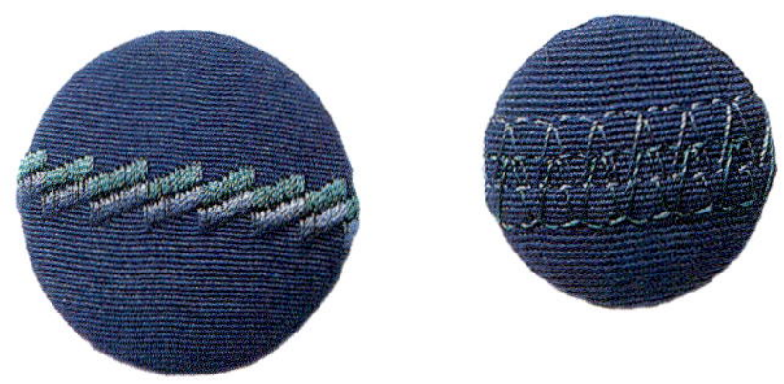

Nutz- und Zierstiche mit der Zwillingsnadel

Effekte mit der Zwillingsnadel

Für das Arbeiten mit der Zwillingsnadel eignen sich am besten schmalere, nicht zu üppige Muster wie Wellen, Zackenlinien oder ähnliches. Flächige Muster sind eher ungeeignet.

Damit der Stoff sich nicht zusammenzieht, wird beim Sticken und Nähen mit der Zwillingsnadel die Oberfadenspannung gelockert. Achten Sie beim Einfädeln darauf, dass sich die beiden Fäden nicht überkreuzen.

Die Musterbreite muss für die Arbeit mit der Zwillingsnadel schmäler als für das normale Sticken eingestellt werden. Manche Maschinen haben zwar einen Knopf, den man drücken muss, wenn man mit einer Zwillingsnadel arbeitet, doch kann keine Maschine ahnen, welche Breite Ihre Nadel hat. In vielen Fällen gehen die Nähmaschinenhersteller von einer 3-mm-Nadel aus. Nur wenige Maschinen lassen sich auf die Breite der Zwillingsnadel einstellen. Das Spitzenmodell von Bernina bietet jetzt diesen Komfort. Falls Sie dieses Luxusmodell nicht Ihr Eigen nennen können, probieren Sie die maximale Stichbreite der jeweiligen Nadel durch Drehen des Handrades vorsichtig aus.

Je langsamer Sie nähen, desto exakter sticht die Maschine senkrecht nach unten. Bei höherem Tempo wählen Sie sicherheitshalber den Stich nochmals um 0,5 mm schmäler. Nadelbrüche können durchaus ins Auge gehen!

TIPPS

- Mit breiten Nadelabständen kann man nur sehr schmale Muster sticken. Arbeiten mit schmaleren Zwillingsnadeln wirken flächiger und sehen darum oft schöner aus.
- Um nicht zwei Garnrollen derselben Farbe kaufen zu müssen, spule ich etwas auf eine normale Unterfadenspule. Diese stelle ich dann auf den zweiten Garnrollenhalter. Unfreiwilliges Abwickeln des Fadens kann man mit größeren Garnrollentellern, zusätzlichen Fadenführungen oder Netzen verhindern.
- Applizieren Sie doch mal mit der Zwillingsnadel. Mit Oberfäden in zwei verschiedenen Farben bekommt die Applikation so einen besonders schönen »Rahmen«.

Biesen werden ebenfalls mit der Zwillingsnadel und dem Biesenfuß gearbeitet. Dabei richtet sich die Rillenanzahl des Fußes nach der Stärke des Stoffes. Füße für dünne Stoffe haben immer mehr Rillen als Füße für dicke Stoffe. Ebenso sollte der Nadelabstand der Zwillingsnadel für dünnere Stoffe kleiner sein.

Damit die Biesen plastischer wirken, kann man durch die Stichplatte der Nähmaschine einen Einlauffaden mit einarbeiten. Hinweise hierzu finden Sie in der Gebrauchsanweisung Ihrer Nähmaschine. Natürlich funktioniert dies nur, wenn Sie Biesen mit dem Geradstich nähen.

Um die Ecke kommen Sie, wenn Sie einen Stich vor der Ecke die Nadel im Stoff stecken lassen und anhalten. Drehen Sie nun das Handrad so weit, bis die Nadel nur gerade noch mit den Spitzen im Stoff steckt. Heben Sie jetzt das Nähfüßchen an und drehen Sie den Stoff um 45°. Nähen Sie einen Stich und wiederholen Sie diesen Schritt.

Einen ähnlichen Effekt kann man auch ohne Biesenfuß erreichen, indem man die Fadenspannung fester als normal einstellt. Nur die dichten, exakt parallelen Abstände der Biesen gelingen ohne Biesenfuß nicht so einfach.

Gebügelt werden Biesen von der rechten Stoffseite aus, sonst kann es passieren, dass sie sich stellenweise in die falsche Richtung legen.

Effekte mit Bändern und Garnen

Haben Sie nur wenige Zierstiche zur Auswahl, so werden Sie leider sehr schnell in Ihrer Kreativität gebremst. Mit Hilfe von Bändchen oder Garnen können Sie die vorhandenen Stiche aufpeppen – entweder schon während der Maschinenarbeit, oder nachher in Handarbeit. Passende Füßchen erleichtern auch hier die Arbeit erheblich.

Schrägbänder oder besser noch selbst geschnittene bunte Stoffstreifen werten Ihr Programm wesentlich auf. Karostoffe eignen sich dabei für viele Variationen. Einmal gerade und einmal im schrägen Fadenlauf aufgenäht oder gestickt, ergeben sich ganz von alleine tolle Effekte.

Auch alle Arten von **Strick-** oder **Häkelgarnen** können mit eingenäht werden.

Oder nähen Sie einen **gröberen Stoff** mit kleinen Zickzack- oder anderen Zierstichen etwa 1-2 cm innerhalb seiner äußeren Kante auf. Anschließend fransen Sie die Stoffränder einfach dekorativ aus.

Für **Strassbänder** oder **Perlenketten** müssen Sie unbedingt einen Kordelannähfuß haben. Stellen Sie die Fadenspannung etwas lockerer ein. Zum Aufnähen nehmen Sie entweder den Zickzackstich oder einen speziellen Stich zum Aufnähen für Gummis, der nur rechts und links des Gummis einsticht.

Eine größere Abbildung dieses Fotos finden Sie auf Seite 48.

Monogramme

Sie geben jedem Stück ein persönliches Flair. Ob eher klassisch oder modern, für jeden Geschmack lässt sich etwas Passendes finden.

A B C D E
F G H I J
K L M N O
P Q R S T
U V W X
Y Z

Auch wenn Ihre Nähmaschine keine vorprogrammierten Buchstaben sticken kann, so können Sie doch jeden meiner Vorschläge nacharbeiten.

Die Größe der Buchstaben kann je nach Laune 2 – 3 cm betragen. Vergrößern Sie die obenstehenden Muster oder malen Sie eigene Buchstaben. Auf Seite 29 finden Sie weitere Monogrammbuchstaben.

Verwenden Sie den Zickzackstich Ihrer Nähmaschine, einen Stretch- oder Dreifachgeradstich. Unterschiedlich breite Linien, wie im Foto das »WF« werden mit Zickzackstichen in 1,0, 2,0 und 3,0 mm Breite gearbeitet. Einfache Zierstiche, die fast jede Haushaltsnähmaschine bietet, bereichern Ihre Initialen. Ob Sie das ganze lieber bunt oder Ton in Ton mit dem Stoff sticken, kommt auf die Wirkung des jeweiligen Kleidungs- oder Dekorationsstückes an.

Bei der Gestaltung Ihres Monogramms lassen Sie sich durch den Charakter »Ihrer« Buchstaben leiten. Nicht jedes Motiv passt zu allen Buchstaben. Es gibt strenge Buchstaben, die eher nach klaren Linien suchen, und verspielte Buchstaben, die sich auch mit floralen Mustern kombinieren lassen. Lassen Sie aber auch nie die Person außer acht, die das Monogramm erhält.

Die bunten Dreiecke nach Kandinsky-Art können Sie entweder mit Zickzackstichen füllen, (siehe Seite 19 »Enge Zickzackstiche«) oder kleine Stoffreste aufapplizieren.

Modelle

Festliches Kleid

Mit wenig Aufwand erzielen Sie bei diesem schlichten Etuikleid aus bequemem Stretchstoff eine sehr festliche Note. Das Aufbringen der Zierlitze erfordert etwa eine Stunde Zeit. Selbstverständlich können Sie auch ein fertig gekauftes Kleid verzieren. Zum Besticken sollten Sie allerdings die Seitennähte im oberen Bereich und die Schulternähte öffnen. Als Alternative zur Zierlitze können Sie die Linien auch mit Zickzackstichen nachnähen.

Zum Nacharbeiten benötigen Sie

- Stoff und sonstige Materialien für das Kleid
- Avalon-Folie für die rechte und linke Stoffseite des oberen Vorderteiles (nur die Avalon-Folie ist flexibel genug, um problemlos über die fertig genähten Abnäher zu kommen)
- silberne Zierlitze (z. B. von Madeira, auf einer Garnrolle erhältlich)
- silbernes Stickgarn
- Füßchen mit Führungsloch für die Litze (falls vorhanden)

So wird's gemacht

1. Schneiden Sie den Stoff nach Ihrem Schnitt zu. Hier habe ich ein Modell von Burda (Nr. 2734) leicht verändert verwendet.

2. Nähen Sie die Abnäher des oberen Vorderteiles und passen Sie es gleich auf Ihre Figur an. Spätere Änderungen sind nur noch mit Mühe möglich!

3. Kopieren Sie Ihr Schnittmuster des oberen Vorderteils und ergänzen Sie dabei die fehlende Seite. Malen Sie nun die untenstehende Schemazeichnung darauf. Achten Sie darauf, dass die Litze auch über die Abnäher in glatter, harmonischer Linie weiterläuft. Zur Kontrolle stecken Sie einfach die Abnäher zu.

4. Übertragen Sie dieses Muster entweder direkt auf den Stoff, oder pausen Sie die Linie auf Avalon-Folie. Dabei müssen Sie zwei Streifen Folie aneinander stecken. Letztere Möglichkeit erfordert ein anschließend zügiges Arbeiten. Deshalb sollten Sie schon ein Probestück gemacht und alle Zutaten griffbereit zurechtgelegt haben. Ebenso sollte bereits eine Lage Folie unter dem Vorderteil liegen. Diese garantiert, dass sich der Stretchstoff nicht doch noch während der Arbeit ausdehnt. Stecken Sie die Folien überall gut fest.

5. Kordel- oder Bandannähfuß einsetzen. Litzenrolle in den zweiten Garnrollenhalter einspannen, Litze dabei aber nach vorne führen. Beim Aufsticken wickelt sie sich so ganz von alleine ab.

6. Zickzackstich knapp breiter als die Litze einstellen. Für die Zierlitze von Madeira ist die Stichbreite 2,5 mm richtig, die Stichlänge kann auf etwa 1,7 mm eingestellt werden. Die Nadel bleibt beim Drehen der Arbeit wie immer im Stoff stecken. Dabei sollte die Nadel aber immer auf der Innenseite der Kurve stecken, damit das Band von der Nadel an seinem Platz gehalten wird. Im Bereich der Abnäher wird der Stoff etwas gerade gezogen. Mit der Avalon-Folie ist dies aber kein Problem.

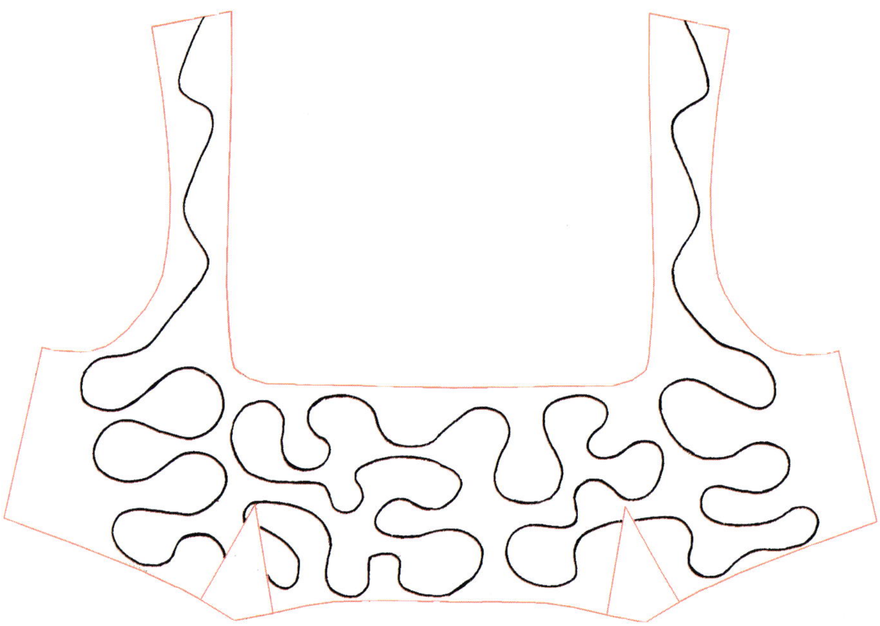

7. Nach dem Aufnähen der Litze reißen Sie die größeren Stücke der Avalon-Folie zuerst auf der Vorderseite, dann auf der Rückseite ab. So verschwindet der eventuell nach vorne gekommene Unterfaden wieder auf die Rückseite.

8. Kleid nach Anleitung fertig nähen.

TIPP

Transportiert Ihr Bandannähfüßchen schlecht auf der Folie, so können Sie entweder das Teflonfüßchen verwenden und die Litze selbst legen, oder eine Führungsschiene (auch Höhenausgleich) für den Knopflochfuß unterlegen. Dies ist ein einfaches, preiswertes Plastikteil (von Bernina, es passt aber unter jeden Nähmaschinenfuß). Es ist ganz leicht zu handhaben. Mit diesem Hilfsmittel bewegt sich der Fuß nur auf der Schiene, nicht auf der Folie. In den Kurven rücken Sie dann den Stoff mit der Schiene neu zurecht. Alternativ dazu können Sie sich auch eine Pappschablone nach untenstehender Zeichnung machen. Das Zurechtrücken ist dabei etwas mühsamer als bei der Führungsschiene.

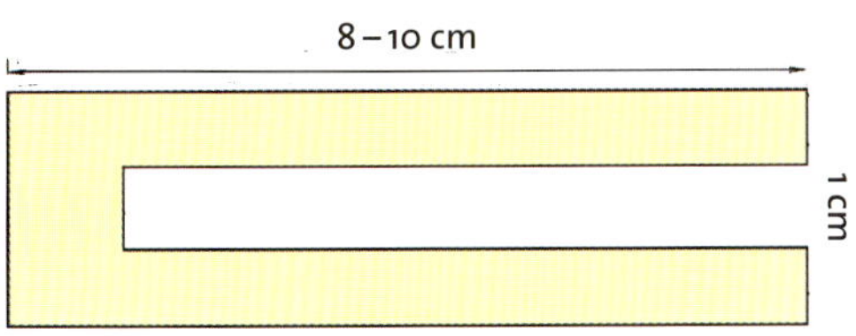

T-Shirt in 3 Varianten

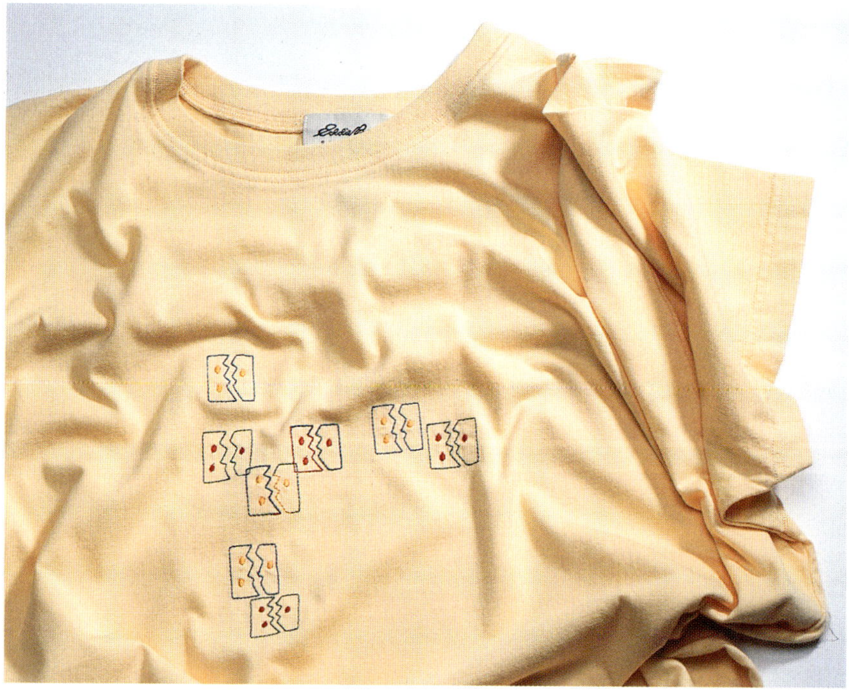

Diese Motive sind speziell für Einsteiger gedacht. Ohne viel Übung lassen Sie sich schnell und einfach nacharbeiten. Alle Motive sind knapp 20 x 20 cm groß, ideal also, um sie in Brusthöhe auf einem T-Shirt zu platzieren. Die Musterzeichnungen auf Seite 27 müssen Sie dafür um 400 % vergrößern.

Die Konturen werden entweder mit einem schmalen Zickzackstich (Breite ca. 2,0 bis 2,5 mm, Länge 0,35 mm) oder mit einem Stretchstich (Länge ca. 3,0 mm) gearbeitet. Die Kreise oder Keile werden mit einem Zierstichprogramm von Ihrer Maschine gestickt. Haben Sie kein passendes Stickprogramm, so nähen Sie die Konturen der **Punkte** oder Keile erst mit einem kurz eingestellten Geradstich (Länge ca. 1,5 mm) nach und füllen diese zum Schluss mit Zickzackstichen aus. Besonders kunstvoll wird die Struktur, wenn Sie zum Schluss vorwärts und rückwärts in wilder Folge über die Zickzackstiche hinweg nähen.

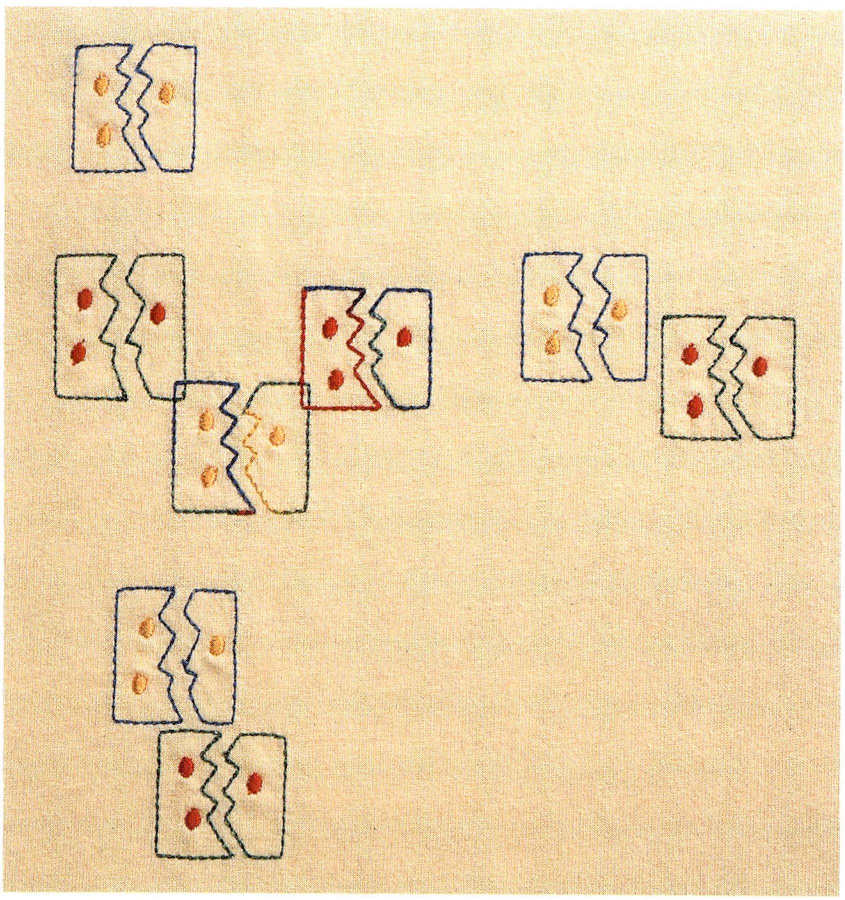

Wer geübter ist, kann die Flächen auch in freier Stickerei arbeiten (siehe Seite 6).

Bei den »gebrochenen Quadraten« wirkt es besonders originell, wenn Sie die Konturen mit einem

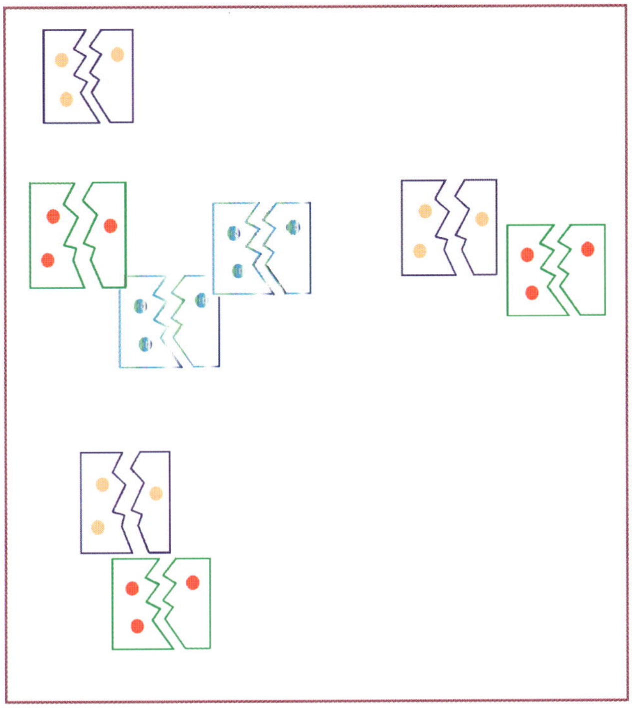

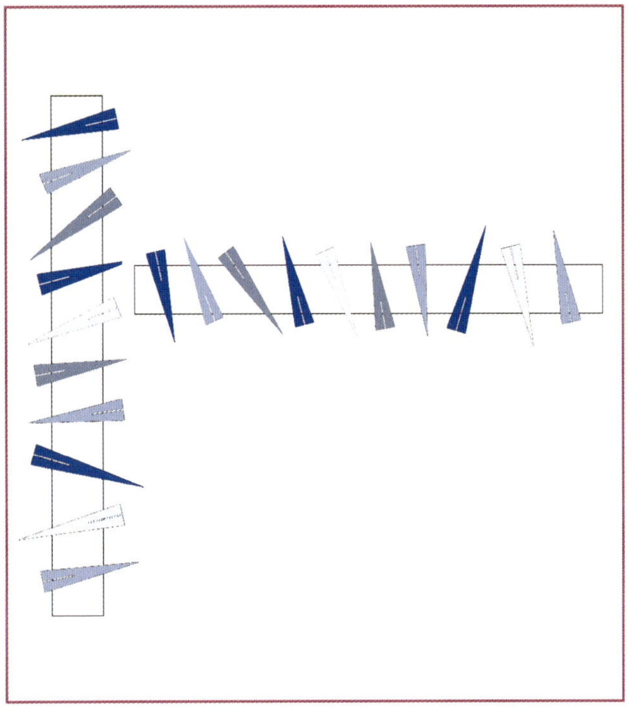

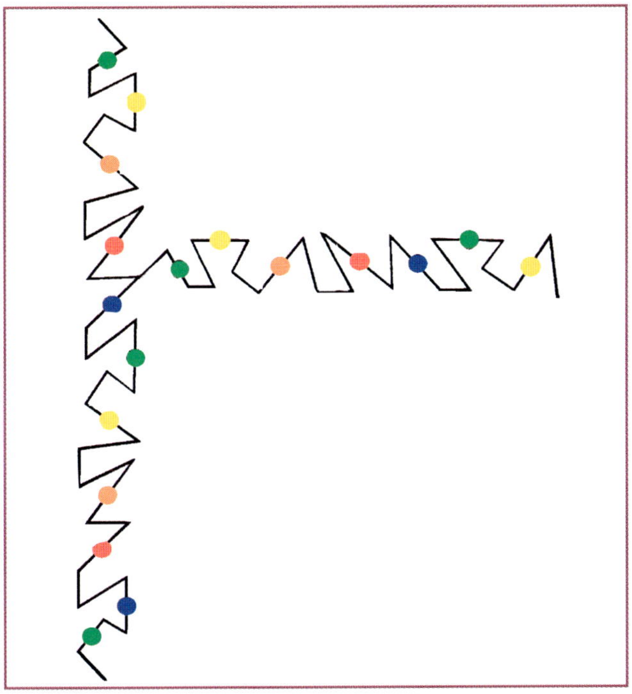

Multicolorgarn sticken. Diese Garne gibt es zum Beispiel von Madeira, Mettler oder Coats.

Verwenden Sie für zarte Jerseystoffe eine Jerseynadel und sticken Sie ganz langsam. So vermeiden Sie, dass die Maschen verletzt werden und dadurch nach und nach Löcher entstehen können.

Eng anliegende Shirts dehnen sich anatomisch bedingt beim Tragen an manchen Stellen mehr aus als an anderen. Damit sich der Stoff nicht durch die Stickerei verzieht, wenden Sie zuerst das Shirt auf links und ziehen es so an. An der Stelle, auf der das Stickmotiv angebracht werden soll, stecken Sie das großzügig zugeschnittene Stickvlies fest. (Achtung: asymmetrisch angeordnete Motive liegen jetzt auf der »falschen Seite«.) Sparen Sie nicht mit Stecknadeln. Achten Sie darauf, dass der Shirtstoff gleichmäßig verteilt ist. Das Shirt vorsichtig ausziehen und wenden. Die Rippen sind jetzt in dem Dehnungsgrad fixiert, den Ihr Körper beim Tragen bewirkt.

Bei gerippten Materialien wird das Muster auf Avalon-Folie gezeichnet, die auf den Stoff gelegt wird. Das Stickvlies unter dem Motiv bleibt ebenfalls während des gesamten Stickvorganges an seinem Platz.

TIPP

Bei dunklen Stoffen kann es durch den Stickrahmen zu Glanzstellen kommen. Diese lassen sich mit einem kräftigen Dampfstoß aus Ihrem Bügeleisen wieder entfernen. Berühren Sie dabei aber nicht den Stoff. »Schweben« Sie nur knapp darüber entlang.

Blūse mit attraktiver Rückseite ūnd Monogramm

Diese einfache, gekaufte Bluse wurde durch die raffinierte Rückengestaltung zum luftigen Schmuckstück. Das dezente moderne Monogramm, verteilt auf das rechte und linke Vorderteil, geben dem Ganzen das gewisse Etwas und einen Hauch von Luxus.

Zum Nacharbeiten benötigen Sie

- Stickrahmen für die Monogrammbuchstaben
- Avalon-Folie
- Stickgarne in Weiß und Silber
- weißes Nähgarn

So wird's gemacht

1. Markieren Sie die Mitte des Rückenteils. Trennen Sie die Passe an der Naht zum unteren Rückenteil ein Stück auf, so dass Sie vom Rückenteil auch die Nahtzugabe sehen können. Schneiden Sie das untere Rückenteil von oben bis unten in der Mittellinie auseinander.

2. Schlagen Sie beide Schnittkanten 0,5 cm nach innen um. Die Kanten werden nicht versäubert. Steppen Sie sie etwa 3 mm von der neu entstandenen Kante entfernt fest.

3. Pausen Sie die nebenstehende Schemazeichnung mit einem Zauberstift auf Avalon-Folie. Setzen Sie das Muster so oft neu an, bis Sie die gewünschte Länge erreicht haben.

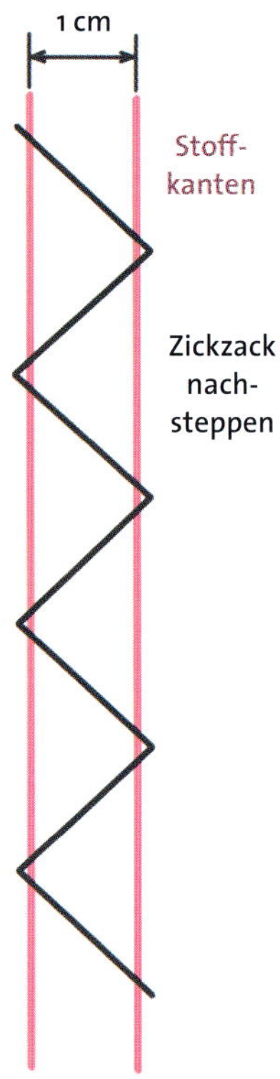

4. Legen Sie eine Lage Avalon-Folie unter den Stoff. Die Folie mit der Musterzeichnung wird auf dem Stoff platziert. Achten Sie dabei darauf, dass die Kanten der Schemazeichnung mit den Stoffkanten deckungsgleich sind. Stecken Sie die Folien so auf dem Stoff fest.

5. Nähen Sie die aufgezeichneten Zickzacklinien mit Nähgarn und einem normalen Geradstich nach. Dies verbindet die beiden Rückenteil-Hälften wieder miteinander.

6. Mit weißem Stickgarn und einem 2 mm breiten Zickzackstich (Stichlänge ca. 0,3 mm) werden nun die Geradstich-Linien überdeckt. Achten Sie auf eine lockere Fadenspannung. Anschließend übersticken Sie alle Linien nochmals mit einem 2,5 mm breiten Zickzackstich.

7. Zum Schluss werden die eingeschlagenen Stoffkanten automatisch versäubert, wenn Sie rechts und links der Zackenlinie mit dem silbernen Stickgarn die Kanten betonen.

8. Stecken Sie die oberen Nahtzugaben der Rückenteile wieder in die Passe und steppen Sie diese zu.

TIPP

Für dünne Blusenstoffe eignet sich das Metallic-Garn besser als ein reines Metallgarn, da es weicher und anschmiegsamer ist.

Das Monogramm

1. Die Buchstaben werden auf ca. 2,6 cm vergrößert und auf den Stoff übertragen.

2. Den Stoff mit Stickvlies oder Avalon-Folie in einen Stickrahmen spannen.

3. Die Buchstaben bestehen aus Zickzackstichen in unterschiedlichen Breiten. Die schmalsten Linien werden mit 1,5 mm Breite gestickt. Für die Rechtecke wird ein Stretchstich (auch Dreifachgeradstich genannt) in Silber verwendet. Weitere Buchstaben finden Sie auf Seite 22, Sie können

sich natürlich auch von anderen Schriften anregen lassen.

4. Zum Schluss wird die Avalon-Folie in Wasser aufgelöst oder das Stickvlies abgerissen.

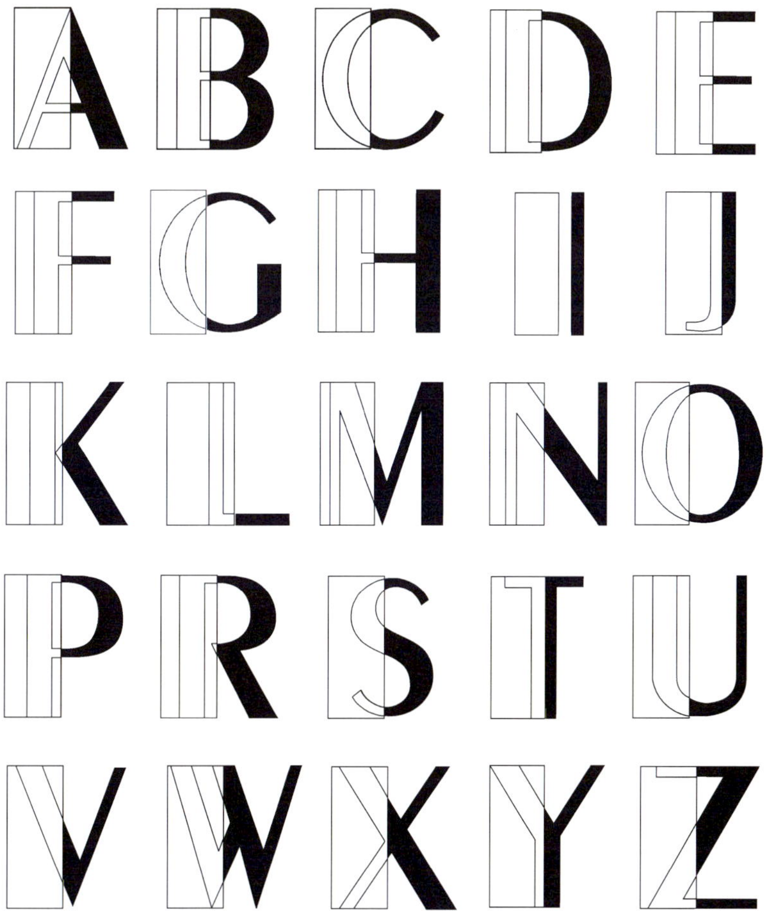

Zweiteiler für modebewusste kleine Mädchen

So ein Höschen ist schnell genäht. Zusammen mit einem einfachen (gekauften) T-Shirt, das mit den Stoffresten der Hose verziert wird, entsteht ein flotter Zweiteiler. Die negativen und positiven Applikationen im Alessi-Stil gefallen auch kleinen Mädchen.

Zum Nacharbeiten benötigen Sie

- Stoff und sonstige Materialien für die Hose
- rotes Kinder-T-Shirt
- Jerseystoff in der Farbe des T-Shirts
- schwarzes Satinband, 3 mm breit, für die Schleifchen
- Stickvlies
- Vliesofix
- Nähgarn und Unterfaden
- schwarzes und rotes Stickgarn, Unterfaden zum Sticken

So wird's gemacht

1. Hose nach dem gewählten Schnitt zuschneiden.

2. Applikationsmuster auf etwa 8,5 cm Höhe vergrößern und seitenverkehrt auf die Papierseite des Vliesofix übertragen. Vliesofix grob ausschneiden und jeweils 4 Sekunden auf die Applikationsstoffe bügeln.

3. Jetzt die Motive entlang den Linien genau ausschneiden.

4. Applikationsstoff auf Hosenteilen und T-Shirt platzieren, mit einem feuchten Tuch abdecken und aufbügeln (ca. 10 Sekunden). Alles gut auskühlen lassen. Bei Katze und Kind werden die Satinschleifchen gleich mit unter den Applikationsstoff gebügelt.

5. Stickvlies unterlegen. Alle Konturen mit Zickzackstichen umsticken (Stichbreite ca. 2,5 mm, Stichlänge ca. 0,4 mm). Bei Jerseystoff die Stiche nicht zu eng einstellen, da sonst das Gewebe leicht beschädigt wird. Die einzelnen Stiche greifen so über die Ränder der Applikationsstoffe, dass der größere Teil der Stichbreite auf der Applikation liegt. In die Bäume werden kleine Punkte gestickt (Anleitung auf Seite 26.)

6. Hosenteile und Shirt von links bügeln. Stickvlies entfernen. Hose fertigstellen.

TIPP

Bei Applikationen auf leichtem T-Shirt-Stoff sollten Sie unbedingt mit Vliesofix arbeiten. Nur so stellen Sie sicher, dass nichts verrutscht und dass sich der Unterstoff nicht verzieht.

Ringbuchumschlag

Dieser edle Umschlag kann abgegriffene Fotoalben oder Gästebücher wieder wie neu aussehen lassen. Gearbeitet wurde er aus Alcantara. Dies ist sehr strapazierfähig und sogar waschbar. Als Alternative können Sie ebensogut Leder verwenden.

Zum Nacharbeiten benötigen Sie

- Alcantara in Orange und Gelb
- goldenen Gitterstoff
- goldenes Stickgarn *(Metallic* oder *Heavy Metal)*
- stabiles Stickvlies

So wird's gemacht

1. Messen Sie zuerst den einzubindenden Ordner oder das Buch aus. Rechnen Sie an jeder Kante 1,0 cm für die Säume und knapp 0,5 cm zum Absteppen des Randes hinzu. Zuschnitt siehe Zeichnung.

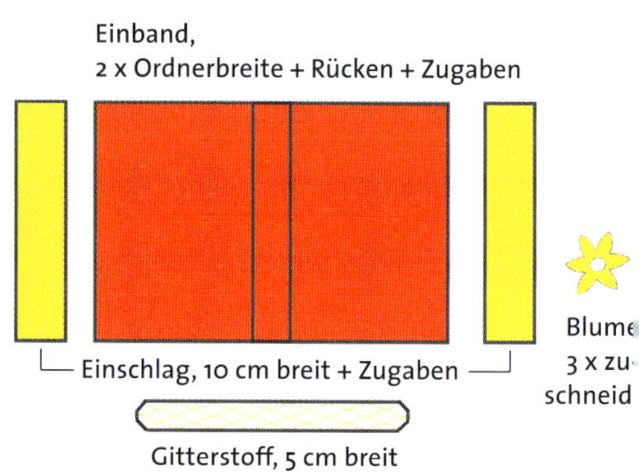

2. Der Einschlag ist 10 cm breit. Sie können diese 10 cm zur Gesamtbreite hinzurechnen oder, wie in meinem Beispiel, separat in Gelb zuschneiden. Der Einschlag befestigt den Umschlag am Ordner. Daneben dient er als Einstecktasche für Zettel, Fotos oder dergleichen.

3. Schneiden Sie alle Teile zu. Die Blume schneiden Sie dreimal nach der Vorlage links zu. Beim Gitterstoff achten Sie darauf, dass an den Kanten immer die Fadenkreuzungen stehen bleiben. Die Zugabe an den Längskanten beträgt je 3 mm.

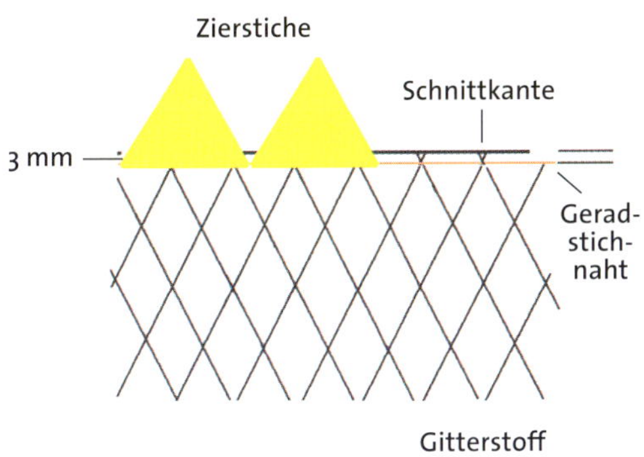

4. Stickvlies im Bereich der Motive unterlegen und eventuell mit Klebeband befestigen. Nicht stecken, da die Löcher sichtbar bleiben können.

5. Zuerst wird der Gitterstoff mit großen Geradstichen auf dem Umschlag fixiert. Der Abstand zur unteren Kante beträgt dabei ca. 7 cm. Rechts und links etwa ebensoviel Platz lassen.

6. Besticken Sie nun die obere und untere Kante mit einem Zierstich. Nicht zu dicht einstellen. Überdecken Sie dabei die Kante des Gitterstoffes ca. 3 mm, damit sie nicht ausreißen kann.

7. Nun werden drei Blumen arrangiert (je eine auf Vorder- und Rückseite des Umschlages, sowie eine auf dem Buchrücken) und mit einem Zierstich oder einem dicht eingestellten Zickzackstich aufgestickt.

8. Legen Sie die Einschläge rechts auf rechts auf den Einband. Nähen Sie die Einschläge fest. Verstürzen Sie die Teile und steppen Sie das Ganze ringsherum mit einer Stichlänge von 3,5 – 4,5 mm schmalkantig ab. Zum »Stecken« der Kanten benutzen Sie Büroklammern.

TIPP

Transportiert Ihre Nähmaschine schlecht, so können Sie Seidenpapier auf das Alcantara legen. Wer einen Teflonfuß hat, sollte ihn unbedingt einsetzen.

Als Krönung des Ganzen gibt es das passende Federmäppchen dazu. Seine fertigen Maße betragen 10 x 21 cm. Die Breite des Gitterstoffes für das Mäppchen beträgt 3 cm. Er wird ca. 2 – 3 cm von der Unterkante entfernt fixiert. Das Mäppchen bekommt zwei Sterne.

Besticken Sie das Alcantara zuerst wie oben beschrieben. Schließen Sie die obere Naht von jeder Seite aus 2,5 cm. Nun wird ein Reißverschluss (18 cm lang) eingenäht. Zum Schluss werden alle übrigen Nähte fortlaufend geschlossen. Damit das Mäppchen Stand bekommt, nähen Sie die unteren Ecken von innen noch einmal in Nahtbreite diagonal ab.

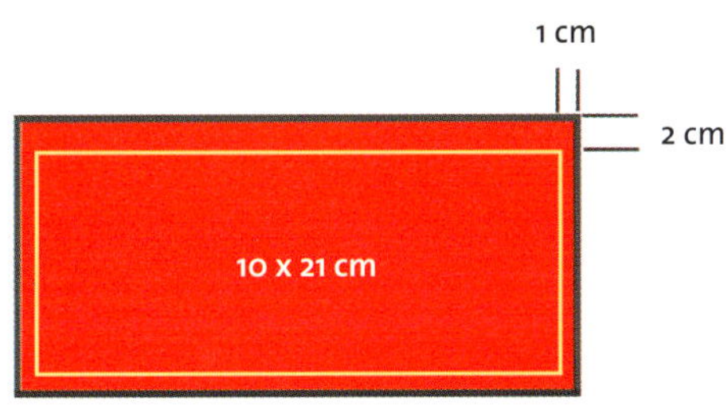

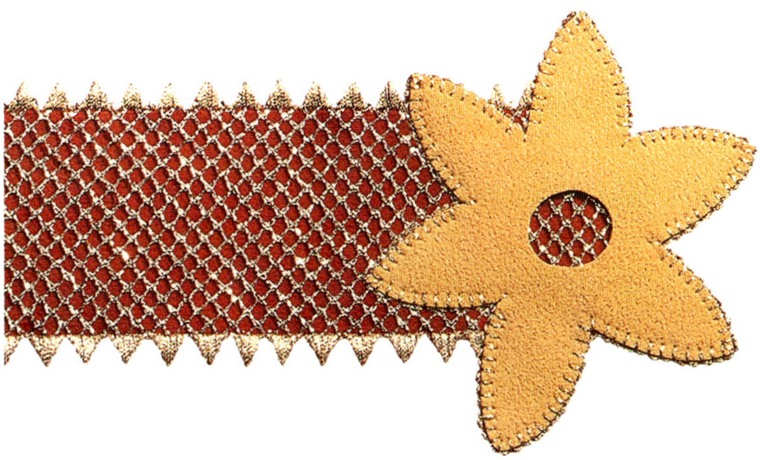

Tischdecke »Plattenträger«

Etwas Geduld erfordert diese Tischdecke, da man in den kleinen Kurven nicht sehr schnell vorankommt. Doch die Eleganz dieser Kreation belohnt Ihre Mühen. Für eine Dreiergruppe aus dem Mittelmotiv benötigen Sie etwa 50 Minuten. Eine Figur am Rand braucht etwa 25 Minuten Zeit.

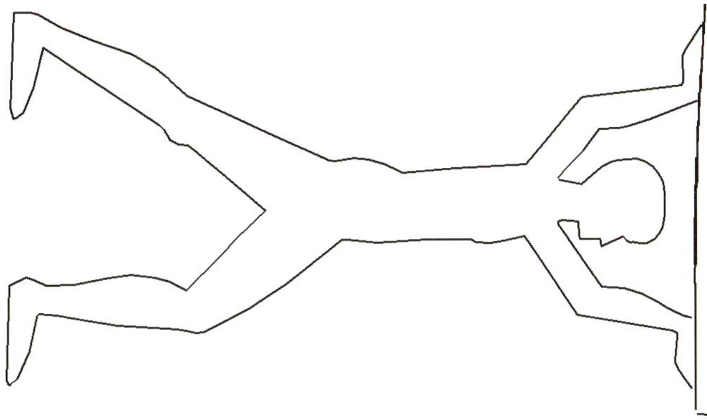

So wird's gemacht

1. Sticken Sie zuerst die äußere Kontur einer Figur. Beginnen Sie dabei jeweils am Tablett (Platte). Vernähen Sie dort die Fäden mit Geradstich.

2. Das Vernähen des Fadens zwischen den Figuren entfällt, wenn Sie gleich auf der Platte mit Geradstich zur inneren Kontur weiternähen. Sticken Sie so das Innere der Figur, also Arm – Kopf – Arm, bevor Sie zur nächsten Figur wechseln.

3. Zuletzt wird das Tablett gestickt. Es dient auch als Abdeckung für das Vernähen und Überleiten der Stickfäden.

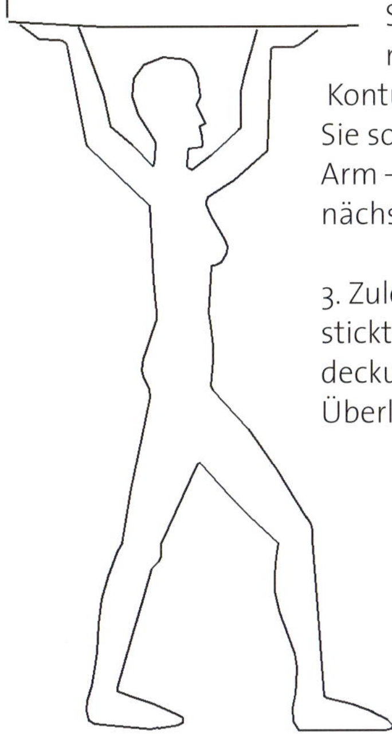

Zum Nacharbeiten benötigen Sie

- Stickvlies oder Avalon-Folie
- 120 x 120 cm weißer Stoff (Baumwoll-Leinen-Mischung)
- schwarzes Stickgarn

Vergrößern Sie die Mittelmotive auf ca. 11 cm Gesamthöhe. Die Randfiguren sollen 18 cm hoch sein. Die Größe der gezeigten Tischdecke beträgt 115 cm x 115 cm. Für die Säume geben Sie ringsherum nochmals 5 cm zu. Sticken Sie die Motive fertig, bevor Sie den Stoff säumen. Wer möchte, kann die Decke auch mit schwarzem Satin-Schrägband einfassen. Die Randmotive werden 9 cm vom ungesäumten Rand entfernt platziert.

Bei festeren Stoffen können Sie ohne Stickrahmen arbeiten.

Verwenden Sie den Zickzackstich mit einer Stichbreite von 2,0 mm und einer Stichlänge von ca. 0,3 – 0,4 mm. Für das »Tablett« habe ich den Stich 0,5 mm breiter eingestellt.

Platzsets in Folie

Eine originelle Geschenkidee sind diese Platzsets. Jeder bekommt das zu ihm passende Gesicht – mit oder ohne Namen. Selbstverständlich können Sie den Beschenkten auch grob skizzieren. Jeder hat so seine besonderen Merkmale, die sich auf diese Weise charmant umsetzen lassen. Damit das Geschenk lange Freude macht, wird es in Tischdeckenfolie gepackt. Durch die Lochreihe mit den Satinbändern verliert die Folie ihren altertümlichen Beigeschmack. Muss das Set doch einmal gewaschen werden, so wird es einfach durch die Einschuböffnung (auch Hotelverschluss genannt) auf der Rückseite herausgezogen.
Gesicht und Namen wurden bewusst in die Ecken gesetzt, damit man sie auch bei gedecktem Tisch noch gut erkennen kann.

Zum Nacharbeiten benötigen Sie für ein Set

- 45 x 30 cm gelber Baumwollrips plus ringsherum ca. 3 cm Saumzugaben
- 98 x 33 cm Plastikfolie
- ca. 2,8 m schwarzes Satinband, 3 mm breit
- Stickvlies oder Avalon-Folie
- Stickgarn in Schwarz und Rot

So wird's gemacht

1. Stoff mit Zugaben zuschneiden, nicht säumen.

2. Gesichter auf ca. 11 cm Höhe vergrößern oder frei abzeichnen. Die Schrift malen Sie bei Bedarf von Hand in Druckbuchstaben oder Schreibschrift auf Papier (Höhe ca. 3 cm). Sie können natürlich auch die Buchstaben von Seite 22 oder 29 verwenden. Motive vorzeichnen, Stickvlies oder Avalon-Folie verwenden, und Konturen mit Zickzackstichen sticken (Stichbreite 2,0 – 2,5 mm, Stichlänge ca. 0,3 – 0,35 mm).

3. Nun Vlies oder Avalon-Folie entfernen und das Set säumen.

4. Zum Anzeichnen der Folie können Sie normalen Filzstift verwenden, den Sie anschließend wieder mit Küchenkrepp abwischen. Achtung: Verwischgefahr!

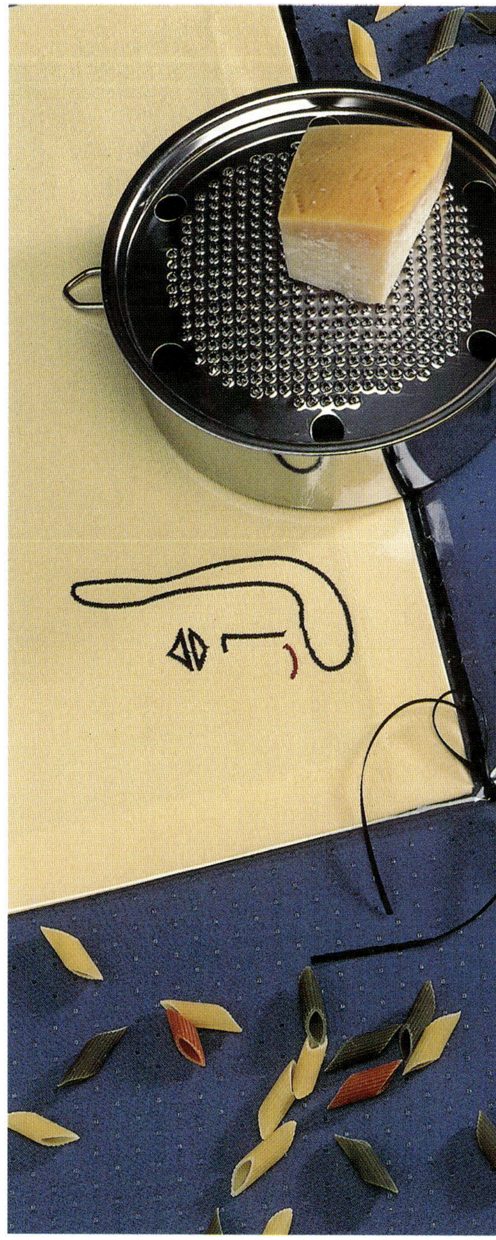

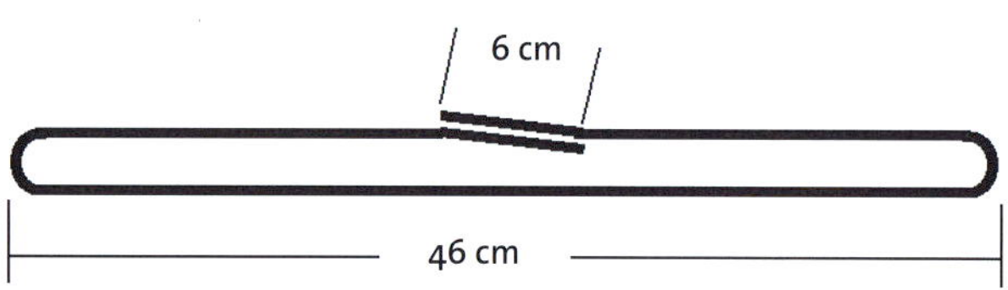

Oder Sie nehmen einen wasserfesten Filzstift, den Sie anschließend mit Spiritus entfernen. Von den 98 cm dienen 6 cm als Übertritt auf der Rückseite, zum Hineinstecken und Verschließen der Sets (siehe auch Zeichnung auf Seite 36). Die überschüssigen 2 cm bleiben unausgefüllt, das ergibt für rechts und links einen Spielraum von 0,5 cm.

5. Nach dem Zuschneiden wird die Folie auf das Endmaß (46 x 33 cm) zusammengelegt und mit Büroklammern an Stelle von Stecknadeln fixiert. Markieren Sie von der Mitte ausgehend zu beiden Seiten kleine Filzstift-Striche in Abständen von je 2 cm am Rand der Folie. Entlang diesen Markierungen setzen Sie einen guten Locher an und lochen die Folie wie normales Papier, d. h. die Lochermitte zeigt jeweils auf einen Filzstift-Strich. Arbeiten Sie dabei ganz akkurat. Wenn möglich sollten Sie die Büroklammern stecken lassen oder nur verschieben.

6. Nachdem beide Seiten gelocht sind, werden die Satinbänder durch die Löcher gezogen: einmal von rechts nach links und wieder zurück. Die Enden verknoten oder zur Schleife binden. Sets einlegen.

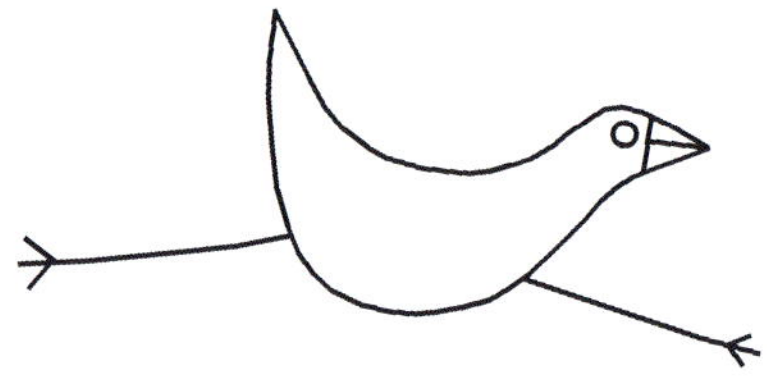

Lustige Vögel

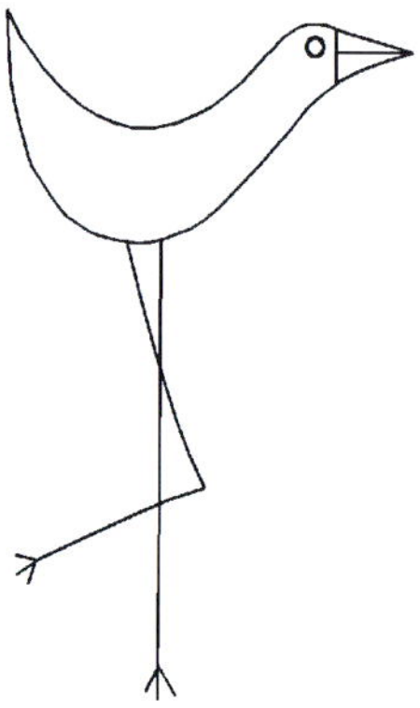

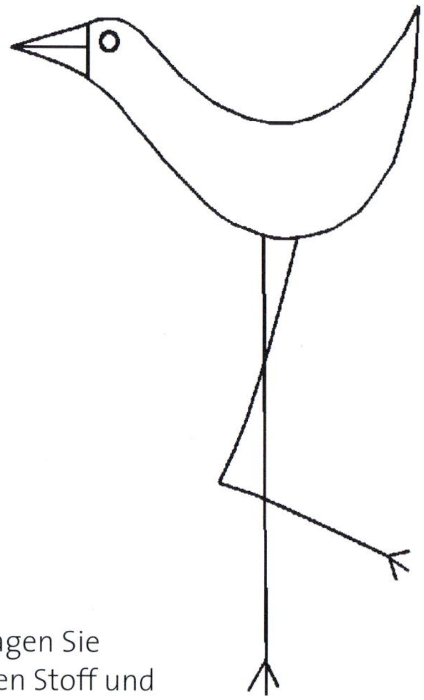

Diese Tischdecke mit »aufgestreuten« Vögeln ist strahlender Mittelpunkt Ihrer Kaffeetafel, auch wenn Sie nicht das passende Geschirr (von Arzberg) dazu haben. Die Vögel sind ca. 7 bis 8 cm hoch.

Zum Nacharbeiten vergrößern und vervielfältigen Sie erst die Vögel und schneiden sie dann aus.

Der Stoff wird entsprechend der gewünschten Größe zugeschnitten. Saumzugabe nicht vergessen! Nun legen Sie den Stoff auf Ihren Esstisch. Decken Sie den Tisch ganz normal. Streuen Sie die ausgeschnittenen Vögel darüber und drapieren Sie sie um die Teller. Wer mag, kann auch noch unter jeden Teller einen Vogel legen. Vögel mit Stecknadeln feststecken.

Anschließend übertragen Sie Vogel für Vogel auf den Stoff und sticken die Konturen mit einem Zickzackstich nach. Für die dickeren Linien 2 mm Stichbreite einstellen, Schnabel und Zehen mit 1,0 -1,5 mm sticken.

Für die abgebildete Tischdecke in den Maßen 140 x 140 cm habe ich 20 Vögel gestickt. Ein Vogel benötigt etwa 12 bis 15 Minuten Zeit.

Bei diesem Waffelpikee ist es besser, auch auf den Stoff Avalon-Folie zu legen. So werden die langen losen Fäden des Stoffs nicht zerstochen und zur Seite verschoben.

TIPP

Sticken Sie die Vögel nicht auf einen Falz, der beim Zusammenlegen der Tischdecke entsteht, denn geknickte Stickereien liegen nicht mehr glatt auf dem Tisch.

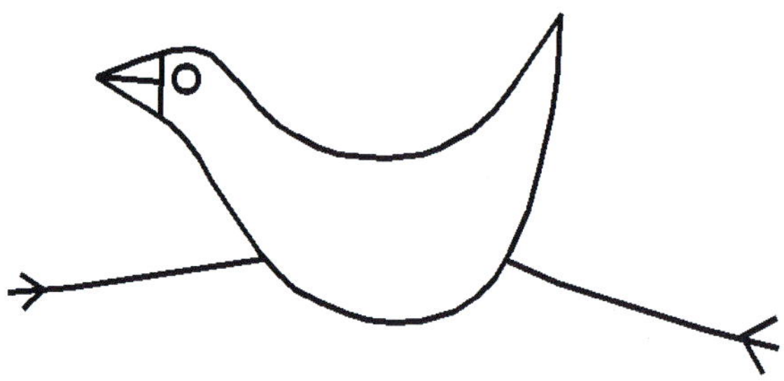

DAVID PALTERER

Außergewöhnlicher Vorhang

Richelieustickerei auf ganz moderne Art macht diesen Vorhang für eine Tür zum originellen Blickfang. Bei Tageslicht ist der Blick von drinnen nach draußen durch die Löcher jederzeit möglich, umgekehrt jedoch nicht.
Statt eines »Hallo – Bye« können Sie auch mit einem einzigen »Ciao« noch schneller einen Türvorhang witzig gestalten. Für ein Esszimmer wäre vielleicht »Bon appétit« reizvoll, im Schlafzimmer »Gute Nacht«. Sie sehen: der Fantasie sind keine Grenzen gesetzt.

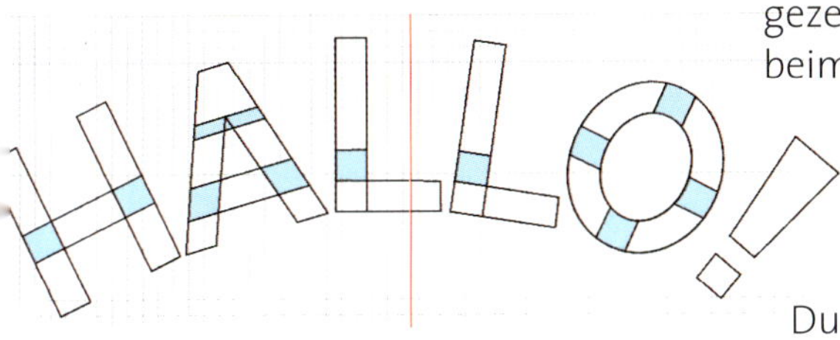

Voraussetzung für ein schönes, beidseitig verwendbares Stickbild ist, dass Sie für Ober- und Unterfaden dasselbe Garn verwenden. Ausnahmsweise wird die Oberfadenspannung nicht gelockert.

Zum Nacharbeiten benötigen Sie

- zweierlei Vorhangstoffe von unterschiedlichen Transparenzgraden
- Stickvlies oder Filmoplast
- etwa 300 m dunkles Stickgarn
- Nähgarn

TIPP

Beachten Sie bei der Farbwahl des Stickgarnes, dass dunkle Farben im Gegenlicht fast schwarz erscheinen.

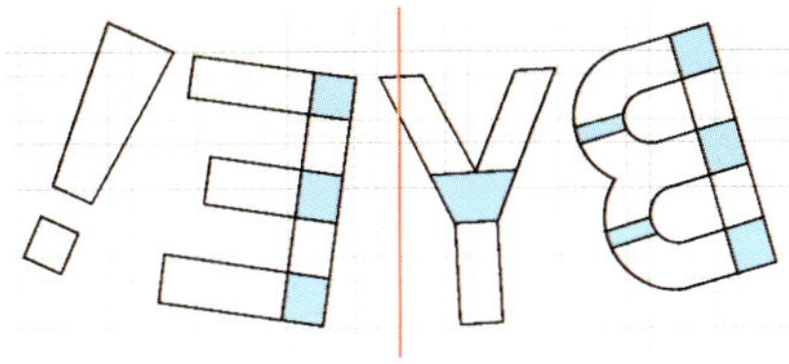

So wird's gemacht

1. Messen Sie das betreffende Fenster aus. Schneiden Sie den dichteren Stoff zusätzlich zu den Saumzugaben ringsherum ca. 8 – 10 cm größer zu. Markieren Sie die Mittellinien in Längs- und Querrichtung. An diesen Linien, in den Schemazeichnungen rot eingezeichnet, orientieren Sie sich beim Arrangieren der Muster. Der gezeigte Vorhang hat die Maße 124 x 67 cm. Dabei sind die Buchstaben 11 cm hoch und Smiley hat einen Durchmesser von 33 cm. Dies können Sie jedoch für Ihre Maße beliebig verändern.

2. Die Schriftzüge auf den Stoff übertragen und mit Zickzackstichen mit ca. 3,5 mm Breite sticken. Fäden vernähen und bügeln.

3. Das Gesicht auf durchsichtigerem Stoff aufzeichnen, den Stoff jedoch noch nicht auf die runde Form zuschneiden. Mund und Augen mit möglichst breiten Zickzackstichen füllen. Bei der Veränderung der Stichbreite immer die Hand am Regler lassen und langsam während des Stickens einseitig ändern (siehe auch Seite 18). Bei dieser Stoffart sollten sich die Zickzackreihen überlappen. Sie können aber auch erst Reihe an Reihe fügen und anschließend nochmals mit einem etwas länger eingestellten und ca. 2 – 3 mm breiten Stich darüber sticken. Das macht das ganze noch interessanter. Fäden vernähen, bügeln.

4. Filmoplast großzügig auf die Rückseite des Gesichtes kleben. Dabei vorher möglichst im Bereich von Augen und Mund Löcher in die Folie schneiden. Das Gesicht mittig auf den Vorhang stecken. Das Filmoplast liegt dabei zwischen dem eigentlichen Vorhangstoff und dem Smiley. Nähen Sie die Kreiskontur erst mit Geradstichen auf, so kann später nichts mehr verschoben werden. Mit 3,5 mm breitem Zickzackstich entlang der runden Form aufapplizieren.

5. Den transparenten Stoff außen um den Smiley herum an den Zickzackstichen entlang sauber abschneiden. Den Vorhangstoff innen hinter dem Gesicht ausschneiden, Vlies vorsichtig entfernen. Klebereste werden durch nochmaliges Aufdrücken des Filmoplast oder durch Waschen entfernt. Auch aus den Buchstaben den Vorhangstoff sauber ausschneiden, dabei die in der Schemazeichnung blau markierten Bereiche stehen lassen.

6. Den Stoff jetzt genau nach den Maßen des Fensters zuschneiden und ringsherum säumen.

Wärmflaschenbezug und Handtücher

Ob als nettes Geschenk oder für den eigenen Gebrauch, diese Stickereien bringen Leben auf eintönige Frotteetücher. Für den Wärmflaschenbezug wurde ebenfalls ein Handtuch verwendet. Es wird nach dem Besticken auf die Größe Ihrer Wärmflasche zugeschnitten. Zum Einschieben der Flasche schneiden Sie einen »Hals« an, der breit genug sein muss, um die leere Flasche durchzuschieben. Nach dem Zusammennähen können Sie von Innen um den »Hals« ein Gummi aufsteppen oder einen Tunneldurchzug für ein Band einarbeiten.

An diesem Beispiel kann man ganz deutlich sehen, dass auch einfachere Nähmaschinen für Stickereien geeignet sind. Die verschiedenfarbigen Linien werden einfach mit dichten Zickzackstichen gearbeitet. Zum Abdecken der Schlingen verwenden Sie Avalon-Folie. Unter das Frottee legen Sie ebenfalls Avalon-Folie oder normales Stickvlies.
Die Handtuchmotive können in beliebiger Reihenfolge gestickt werden. Das Motiv der Wärmflasche beginnen Sie am besten mit den Kreisen (mit dem Kreisstickapparat werden sie besonders gleichmäßig) oder den schrägen Linien im unteren Motivbereich. Ganz zum Schluss sticken Sie die gelbe Umrandung, unter der alle Fadenenden versteckt werden. Wie Sie die Punkte arbeiten, steht auf Seite 26.

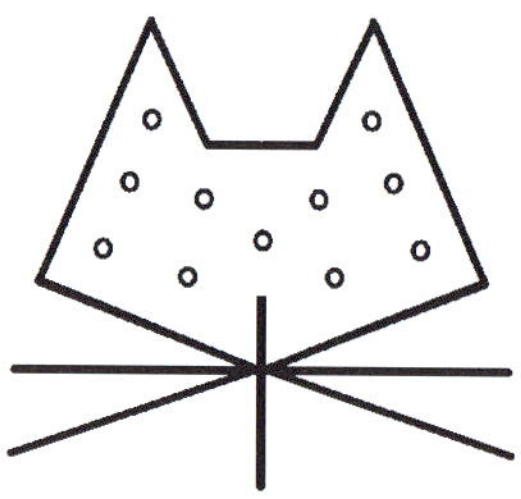

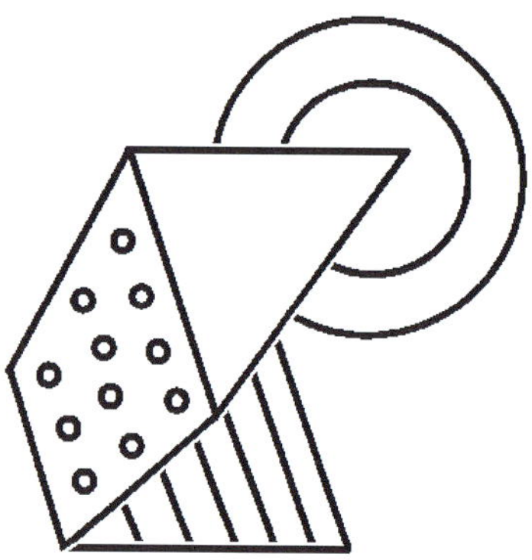

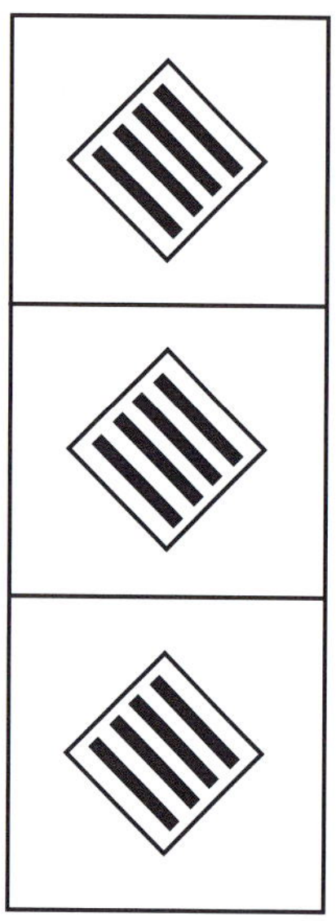

Margeritenkissen

Dieses duftig leichte Kissen ist ein echtes Schmuckstück und wirkt als Einzelstück zwischen unifarbenen Kissen am besten. Die zarte Hülle ist aus einem Vorhangrest entstanden, der mit 14 Margeriten bestickt wurde. Darunter befindet sich eine einfache hellblaue Kissenhülle. Beide Hüllen wurden mit einem Reißverschluss gearbeitet. Andere Verschlüsse sind jedoch ebenso denkbar.

Beide Margeritenformen sind je ca. 6,5 cm hoch. Die Blütenblätter werden mit einem langgezogenen ovalen Zierstich gestickt, der eine Länge von etwa 15 mm und eine Breite von 3,5 mm hat. Pausen Sie die Schemazeichnung einfach auf Avalon-Folie ab oder entwerfen Sie jede Margerite neu. Dazu zeichnen Sie für die voll erblühte Margerite einen Kreis von ca. 35 mm Durchmesser. Markieren Sie auch die Mitte des Kreises. Von der Kreislinie aus sticken Sie nach innen gerichtet etwa 10 Blütenblätter. Für die Mittelpunkte wählen Sie einen runden Zierstich oder einen ovalen Stich, den Sie möglichst kurz einstellen. Der Durchmesser der Blütenmittelpunkte beträgt etwa 8 mm. Notfalls arbeiten Sie die Blütenmittelpunkte wie die Kreise auf den bestickten T-Shirts (siehe Seite 26). Die Stiele und Blätter werden mit Zickzackstichen gestickt (Stichlänge 2 mm, Stichbreite 0,35 mm). Abwechslung bringen Sie ins Spiel, wenn Sie einmal zuerst die Blätter, dann den Stiel arbeiten, ein andermal in umgekehrter Reihenfolge sticken. Sie können die Blumen auch in verschiedene Richtungen drehen oder spiegeln. Natürlich wirkende Knospen bekommen Sie, wenn Sie die Blütenblätter ein wenig überlappend sticken.

Zum Nacharbeiten benötigen Sie

- ein Kissen, 40 x 40 cm
- einen Rest transparenten Vorhangstoff, ca. 140 x 70 cm
- hellblauen Stoff, 43 x 84 cm
- Stickgarn in Weiß, Gelb, Grün
- Avalon-Folie
- Stickrahmen
- 2 farblich passende Reißverschlüsse, jeweils 35 cm
- Nähgarn

So wird's gemacht

1. Schneiden Sie den Vorhangstoff nur grob zu. Legen Sie die Anordnung der Blüten fest. Sticken Sie nun eine Margerite nach der anderen und arbeiten Sie dabei von der Mitte her nach außen. Dabei wird der Stoff zwischen zwei Lagen Avalon-Folie gelegt und fest in den Stickrahmen gespannt.

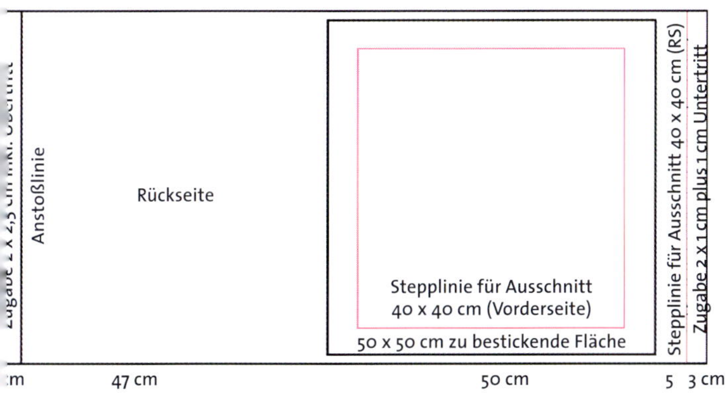

2. Entfernen Sie die Folie, vernähen oder verknoten Sie alle Fadenenden, und schneiden Sie den Stoff entsprechend dem Zuschneideplan zu. Die Zugaben für die langen Seiten betragen je 1,7 cm.

3. Die Zugaben am Verschluss werden entsprechend dem Zu-

schneideplan nach innen eingeschlagen und festgesteckt. (Übertritt 2 x 2,5 cm, Untertritt 2 x 1 cm).

4. Steppen Sie die Zugaben der Untertrittseite fest.

5. Legen und steppen Sie den Reißverschluss unter die Untertrittseite.

6. Legen Sie die gesteckte Übertrittseite auf den Untertritt, so dass sie an die Stepplinie für den Ausschnitt stößt (40 x 40 cm, Rückseite).

7. Steppen Sie die Naht zu. Fassen Sie dabei in einem Arbeitsgang den Reißverschluss mit. Auf der Zeichnung rechts ist der abgewinkelte Verlauf der Naht deutlich zu erkennen.

8. Bei transparenten Stoffen sieht eine französische Naht besser aus. Öffnen Sie deshalb den Reißverschluss etwas. Dabei liegt die rechte Stoffseite außen. Steppen Sie die Seitennähte 0,7 cm vom Rand entfernt zu. Wenden Sie dann das Kissen und steppen Sie die Seiten nochmals 1 cm breit ab. Drehen Sie das Kissen wieder auf die rechte Seite und bügeln Sie die Kanten aus.

9. Nun wird noch der Stehsaum abgesteppt. Beginnen Sie in einer unteren Ecke und steppen Sie 5 cm vom Rand entfernt ringsherum das Kissen nochmals ab. Steppen Sie am besten von der Rückseite her, damit Sie nicht versehentlich den Übertritt mitfassen.

Die hellblaue Kissenhülle ist ganz einfach zu nähen. Schließen Sie die untere Naht auf jeder Seite vom Rand aus 4 cm. Bügeln Sie die Naht aus und deren weiteren Verlauf als Kante ein. Nähen Sie den Reißverschluss unter die Öffnung und schließen Sie die Seitennähte.

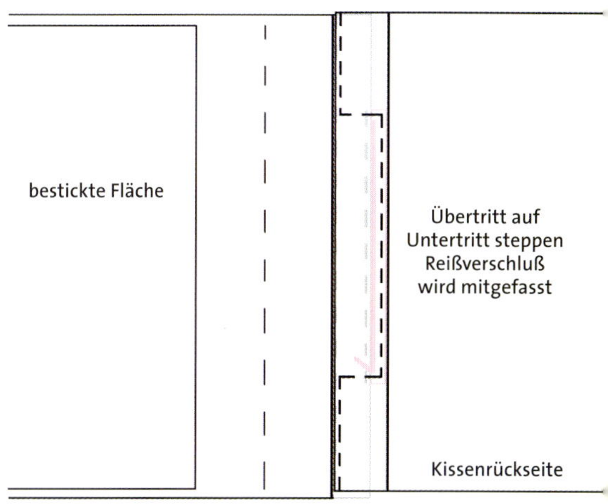

Tulpen

Blumen sind vielseitig einsetzbar. Hier lockern die kräftig pinkfarbenen Tulpen das strenge graphische Muster des Vorhangsstoffes etwas auf.

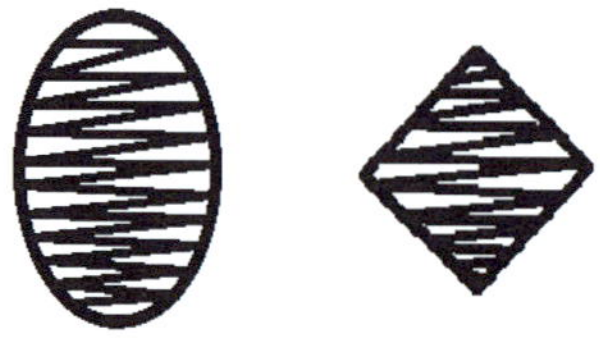

Solche kleinen Details können verblüffend große Wirkung zeigen. Je nachdem, ob man Ton in Ton oder in Kontrastfarben stickt, fällt der Effekt ganz unterschiedlich aus. Diese Tulpen machen sich nicht nur auf Vorhängen gut, sondern auch auf T-Shirts, Kissenhüllen, Taschen oder Kinderbekleidung.

Die äußeren Blütenblätter der Tulpen werden wie die der Margeriten aus einem ovalen Zierstich gestickt (siehe Zeichnung). Stellen Sie den Zierstich ungefähr 8 mm breit und etwa 18 mm lang ein. Das mittlere Blütenblatt wird darüber gestickt. Es besteht aus einem rautenförmigen Zierstich (9 mm breit, 16 mm lang, ersatzweise zwei gegeneinander gelehnte Dreiecke). Beginnen Sie die Raute oben. Ist die Raute etwas zu kurz geraten, schließen Sie einfach ein paar Zickzackstiche an. Je nach Einstellungsmöglichkeiten Ihrer Maschine werden Ihre Tulpen eventuell etwas anders aussehen. Aber ob das mittlere Blütenblatt etwas größer oder kleiner ist als die beiden seitlichen Blätter, spielt keine so erhebliche Rolle. Anschließend werden zuerst die Blätter gestickt. Über die Blattansätze sticken Sie den Stiel. Blätter und Stiel sind mit Zickzackstichen (2 mm breit) gearbeitet.

Die Deutsche Bibliothek –
CIP-Einheitsaufnahme

Ein Titeldatensatz für diese Publikation ist bei Der Deutschen Bibliothek erhältlich.

Ganz herzlich möchte ich mich bei den Firmen Bernina, Freudenberg und Madeira für ihre freundliche Unterstützung bedanken. Dank auch an den Wolkenkuckuckskinderladen in Überlingen für die roten Lackschuhe auf Seite 31, und an meine Tochter, die ebenfalls Stickmuster zu diesem Buch beigetragen hat.

Fotografie: Klaus Lipa, Diedorf bei Augsburg
Lektorat: Wiebke Krabbe, Margit Bogner
Umschlagkonzeption:
Kontrapunkt, Kopenhagen
Satz und Layout: Anton Walter, Gundelfingen
Herstellung und Umschlaglayout:
Charmaine Müller

Augustus Verlag München 2000

Satz: DTP-Design Walter, Gundelfingen
Reproduktion: GAV Prepress, Gerstetten
Druck und Bindung: Appl, Wemding

Gedruckt auf 115 g umweltfreundlich elementar chlorfrei gebleichtes Papier.

ISBN 3-8043-0697-7
Printed in Germany